文房之美·墨

墨香世家

黄台阳/著

海南出版社
HAINAN PUBLISHING HOUSE

版权合同登记号：图字：30-2017-056 号
图书在版编目（CIP）数据
墨香世家 / 黄台阳著 . -- 海口：海南出版社，2018.1
ISBN 978-7-5443-7805-5
Ⅰ . ①墨… Ⅱ . ①黄… Ⅲ . ①墨 - 文化 - 中国 Ⅳ . ① K875.4
中国版本图书馆 CIP 数据核字 (2017) 第 304876 号

墨香世家

作　　者：黄台阳
监　　制：冉子健
责任编辑：孙　芳
策划编辑：冉子健
执行编辑：张　雪
责任印制：杨　程
印刷装订：北京盛彩捷印刷有限公司
读者服务：蔡爱霞　郄亚楠
出版发行：海南出版社
总社地址：海口市金盘开发区建设三横路 2 号　　邮编：570216
北京地址：北京市朝阳区红军营南路 15 号瑞普大厦 C 座 1802 室
电　　话：0898-66830929　010-64828814-602
E-mail：hnbook@263.net
经　　销：全国新华书店经销
出版日期：2018 年 1 月第 1 版　2018 年 1 月第 1 次印刷
开　　本：787mm × 1092mm　1/16
印　　张：18
字　　数：240 千
书　　号：ISBN 978-7-5443-7805-5
定　　价：88.00 元

目录
Contents

自序

Preface

没想到会跟“近朱者赤，近墨者黑”的墨结上缘。

那是在脱离还得用墨的学生年代已快四十年的夏天，经过去金山、万里路边的艺品店时，无意中看到有四五锭墨（或称“墨条”），各约半张 A 4 纸那么大。上面刻绘不同的主题，如：女娲补天、八仙献寿、刘海戏金蟾等，显然跟学生时代用的墨不同。基于怀旧，价格也合理，就顺手买下。回家后摆在书架底层，没太当回事。之后陆续在金山老街、莺歌、光华商场、台北玉市等地又买了不少，都同样处理。就像在办公室，把文件归档了事。

2008 年时身体出状况。为了保命，急速退出职场。手术和化疗过后，整个人总是无精打采，做不了什么要动脑的事。无聊之余，想起堆积的墨该拿出来整理整理，没事找事做，消磨时间。于是展开我的玩墨生涯。

说是玩墨，一点儿也不为过。因为那时已买的墨，从收藏的角度来看，并不值钱，没有收藏价值。但不知情的我，仍一头栽进去，看到大一点的、主题有趣的、色彩缤纷的，就以为遇见宝，不怎么还价就买下来。

所幸这种盲目的收集，持续一段时间后，就被我的信息科技背景给矫正过来。因为开始为所收集的墨进行登录、分类、排序、注解时，无可避免会开始查阅书籍和网络搜寻，于是发现我错过了真正引人入胜的赏玩墨、文人订制墨、贡墨、御墨、纪念墨、集锦套墨，等等。于是，赶快调整方向，扩大收集范围，重新出发。除了前面提过的买墨的地方，国内外的拍卖网站成为我经常光顾的地方。

曾经透过网络去美国的古董拍卖会，竞标乾隆朝的御墨。直径约 10 厘米的圆墨，我已出价到连同投标的附加费、手续费、处理运费等，总价超过 2,000 美元了！但竞标的对手依然沉着跟进，毫不手软，逼得我只好认输。也曾在光华商场和玉市见到很少见的好墨，但因索价太高，一时舍不得。没想到第二天捧着银子去时，已被人捷足先登。于是我只能后悔地在摊商旁徘徊懊恼，做着商贩会再变出一锭来的白日梦。

两年半前，为了对自己花了不少钱在墨上向家人有个交代，开始提笔把在收集墨时所做的研究发现写下来。我的科技背景再一次发挥了作用，我采取与其他同好有别的写法：不专注单锭墨的描述，而是探索墨与墨之间的关联，以及它们带来的人文意涵。从这个角度，许多墨的形象更加鲜明有趣，漆黑的外表下隐隐泛出迷人的幽光。

譬如巡台御史钱琦的听竹轩联句墨，简洁朴素的外观下，掩不住钱琦与方密庵的师生情谊，铺陈出袁枚、金农、邓石如、丁敬等大艺术家与他们的联句唱和，引出早期台湾的地名和风俗民情，更间接披露大甲溪流域几座七将军庙的来龙去脉。这锭墨，是从美国古董拍卖商那里买得，也是我经常随身把玩的珍品。

再如吴大澂的铜柱墨，本身已够引人入胜。细究它的来龙去脉，胡适的父亲胡传便跃然纸上，随之浮现张爱玲的祖父张佩纶，最后是胡适和张爱玲在纽约的会面，前后横跨七十年。因墨搭桥，得以上下古今，把两代有缘千里来相会的事发掘出来，看来墨里乾坤大啊！

书中的墨，除了特别说明出处的，都是我个人的收藏[①]。前几年，瑞典汉学家林西莉（Cecilia Lindqvist）有本热销书《古琴的故事》，把久已束诸

① 本书所引墨品仅作鉴赏之用，不可作为选购、收藏参考。

高阁的古琴，重新带回台湾。我私下企盼，这本谈墨的书也能东施效颦，激发大家对墨的共鸣。进而思索如何从文创的角度，重新包装墨、赋予它新的生命，让它成为办公室和居家的新宠。也让现今倍感压力的人生，能在墨艺的陪伴下，另开一扇舒缓的门窗。

近墨者黑！然而与墨结缘，却有可能黑得发亮，更有可能黑得像黑珍珠般，尚青。

2016年3月21日

黄台阳

第一章

我是骚人，我玩墨

——风雅

1

Chapter

墨，是做什么用的？这话问得有点奇怪。不就是在砚台上和水磨成墨汁，好用来写字吗？想得多一点的人可能会说，还可以用来画国画，像墨竹之类的，是不是？

对。但要挑剔的话，也不全对，因为古人手边的墨，用途可多了，写字画画只是最基本的，市面上任何买得到的墨都可以实现。但是如果你精心订制了一款墨，会不会想赋予它某种你所喜爱的、具有特殊意义的用途？于是在骚人墨客手里，墨不单可拿来写字用，还会注入他们超越书写的意念和专情。

写字练书法

首先来看三锭文人墨（图一），墨上题字所带出来的“临池”“学书”“擘窠书（又称“榜书”，大字的别称）”等词，看起来挺风雅、挺有学问的。虽然说穿了也就是写字练书法、临摹碑帖学别人的书法和书写匾额碑刻等大字，但换个词来讲，味道就不一样了。

这些墨的主人，都有来头。第一锭音田学书墨，是乾隆年间徽州制墨大师、曾任吏部员外郎的程音田所自制自用；而第三锭拿来写大字的少仲擘窠书墨，则是在光绪年间当过河道总督的勒方锜（字少仲）所订制；至于第二锭任公临池墨，它的主人——任公，更是大名鼎鼎的墨客中的骚人。

如果觉得“任公”两字似曾相识，但一时想不起来的话，墨背面所写的“新会梁氏珍藏”几个字应该会令你恍然大悟。他是大学者、大政论家、大思想家梁启超，广东新会人。当年跟老师康有为一起帮光绪皇帝筹划变法，事败被慈禧太后通缉而逃亡日本，办起《新民丛报》，鼓吹打破传统旧文化，建立西方新思想，从而在思想界刮起一阵飓风。这期间，他曾在奈良偶遇林献堂，后应邀于 1911 年 3 月底到访台湾约一个月，下榻雾峰林家的莱园五桂楼。

他曾与孙中山过从甚密而主张革命，但最后却转向支持君主立宪；他担任过袁世凯的司法总长，然而在袁世凯称帝时，却发表文章激烈反对，并鼓励学生蔡锷在云南起义，最终气死袁世凯；他还是康有为的学生，不过当康有为与张勋联合起来拥护宣统皇帝复辟时，他又请段祺瑞组织讨逆军声讨，与康有为全面决裂。他留下一句名言："不惜以今日之我，难昔日之我（不惜以今天的我，来挑战过去的我）。"多么奇特的大丈夫，多么可敬的骚人！

晚年他在清华大学国学研究院讲学，因便血症住进北京最好的协和医院，却因医生不察，误把没毛病的那颗肾割掉。然而他考虑当时中国的西医正在起步，怕公开后会影响西医的发展，因此不让人公开报道，以维护西医的声誉。这是何等的胸襟！

他的儿子媳妇梁思成和林徽因，名气不亚于他，两人在中国建筑界的启蒙开创地位早被肯定。两人与新诗诗人徐志摩之间的情谊，更传诵绵延。然而追究根源，梁启超没有像当时绝大多数的父亲一样，强迫儿子求取功名、要求媳妇谨守妇道，这才使梁思成和林徽因得以自由发挥，有了实践理想的动力。综合这些事迹，说他是骚人中的骚人，当之无愧！

这锭墨制于光绪二十二年（1896）。当时梁启超 24 岁，由北京到上海担任刚创刊的《时务报》的撰述，实际上是报社主笔。意气风发的他，从胡开文墨肆订制此墨来大笔针砭时务，但仍谦虚地以临池来命名，相信正反两面的题字都是他的亲笔。日后他还另制一锭，名为"饮冰室用墨"，1921 年由曹素功墨庄所制。

著书立说记事

磨墨写字，所写的可以不带任何意义。但若要写的是自己一家之言，

图　临池、学书、擘窠书墨

音田学书墨，背写“五石顶烟　乾隆壬子年造”。

14×2.6×1.9 厘米，74 克。

图一　临池、学书、擘窠书墨

任公临池墨，背写“新会梁氏珍藏”，两侧分写“光绪丙申年”“徽州休城胡开文制”。
10.5×2.7×1 厘米，42 克。

图一　临池、学书、擘窠书墨

少仲擘窠书墨，背写“千秋光　徽州胡开明制”，侧写“徽州胡开文南京造”。
12.8×2.8×1 厘米，58 克。

那就不免对所用的墨额外讲究，得安个词来郑重其名。文章乃千古事，尤其在跟立德立功相比时，写文章的立言相对容易达成些。因此在墨上面加注“著书”“著作”“记事”等字（图二），表述自己有志立言，乃成为骚人墨客的所爱。

图左第一锭“复堂著书之墨”，由背面所写“藏之名山”，可知言下之意对自己的书充满自信，将留供后世。墨的主人是谭献（字复堂），杭州人，举人出身。虽然没考上进士，但因学问文采好，也做过几任县长，包括制墨名乡——徽州歙县。他的文采充分表现在作词上，试看这首《蝶恋花》：

> 庭院深深人悄悄，埋怨鹦哥，错报韦郎到。压鬓钗梁金凤小，低头只是闲烦恼。
>
> 花发江南年正少，红袖高楼，争抵还乡好？遮断行人西去道，轻躯愿化车前草。

是不是很有意境？在词这个领域，他的著作不少，有《箧中词》《复堂词》《复堂词话》等，难怪当时有人评论他的词为“开三十年之风气”，显然不折不扣骚人一位。只是不管他所开的风气有多好多妙，在洋人西风铺天盖地的侵袭下，很快就被雨打风吹去，了无痕迹！

谭献的知名，不仅因他在晚清文学界的地位，还受到他徒子徒孙的哄抬。他有位革命党学生章太炎非常突出，非但国学造诣高，连现在仍通用的注音符号，也是以他发明的记音字母为蓝本发展出来的。他在 1898 年底曾到台湾，主编《台湾日日新报》的汉文栏，住在台北万华的剥皮寮老街（房舍现还在）。留台短短半年，论述却有四十一篇，加上诗词，真是多产。

章太炎的个性火爆。梁启超在办《时务报》时，曾请章太炎担任撰述。但两人从学术思想到政治观点都有分歧，互不妥协甚至开骂。章骂梁和拥

图二 著书、著作、记事用墨

复堂著书之墨，背写“藏之名山 光绪丁丑季秋造”，侧分写“苍珮室”“顶烟”。

11×2.2×1.5 厘米，38 克。

莲叔记事所用墨，背写“道光辛丑年制”。

11×3×1.3 厘米，66 克。

图二　著书、著作、记事用墨

江左吴廉叟著作之墨，背写“十年如石一点如漆”，侧“大清嘉庆丙子年制”，顶“贡朱”。13.3×2.6×1.3 厘米，62 克。

护他的报社员工是教匪，他们则反骂章是陋儒。相骂不够，还继之以武。梁启超带着同仁出拳殴打章太炎，章马上动手还击，毫不犹豫。看来现今台湾很多立法委员，都继承了这项传统。而章太炎的学生鲁迅，其个性和学术文章，更是青出于蓝，无须介绍。

第三锭墨的主人吴廉甹，事迹不显；第二锭孙莲叔，惨死于太平天国军手下。以他们的墨来看，都有可观之处。称之为骚人所制，谅不为过。

作诗填词联吟

写书太辛苦了，得立论新颖不落俗套，又得注意起承转合气势磅礴。还是弄点轻松些的诗词吧！于是骚人们再创“填词”“吟诗”“联吟”一类的墨（图三），显示出诗词是他们心中无可取代的最爱。

最左边的悟雪斋填词墨是自用兼市售品。从填词这两个字可见，它们是以爱填词的文人为主要销售对象的。一般而言，市售墨的质量不如文人墨。但也有例外，像这种以文士为销售对象的墨，质量就不会差。悟雪斋是康熙年间另一制墨家程正路所创的墨肆。他也是徽州歙县人，曾在湖北黄陂当过县丞，算是二把手。然而因上司需索无度，干脆辞官回乡（猜想曹素功也是类似状况），显然有资格列为骚人。由于他擅长诗词书画，因此与一些名人官宦结下墨缘。譬如《红楼梦》作者曹雪芹的祖父曹寅，当时担任江宁织造，是康熙朝的红人，和程正路就多有交往。程正路曾帮曹寅制作“兰台精英”墨，以进贡给康熙（现仍收藏于故宫博物院）。曹寅也写诗[①]称赞他的画艺和墨法十分高超。

① 曹寅以《送程正路之官黄陂丞》一诗称赞程正路的画和墨：“画家追北苑，墨法秘南唐。二者能兼得，茅斋竟夕香。”

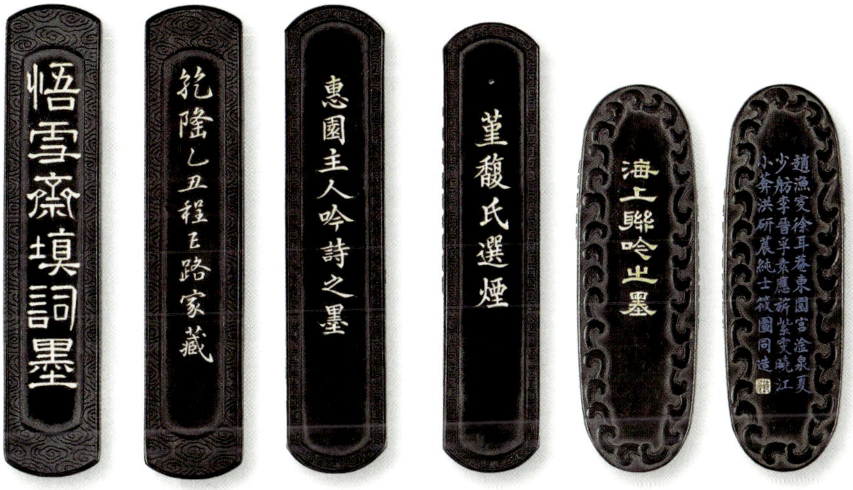

图三　填词、吟诗、联吟用墨

悟雪斋填词墨，背写“乾隆乙丑程正路家藏”。

11.7×2.4×1 厘米，40 克。

惠园主人吟诗之墨，背写“董馥氏选烟”，侧写“乙丑年新安汪近圣造”。

13.4×2.9×1.2 厘米，66 克。

海上联吟之墨，背写赵渔叟徐耳庵宫淦泉等九人同造此墨，

两侧分写“甲寅仲春歙汪节庵造”“函璞高珍藏”。

10.2×3.2×1.2 厘米，62 克。

图内中间的惠园主人吟诗之墨，由侧边所写，可知出自名家汪近圣在乙丑年所造。虽没写出是哪个朝代的乙丑年，但由于墨样的风格跟第一锭相同，都是当时所流行的，故可推知两锭墨制于乾隆朝的同一年。可惜惠园主人和董馥氏两位都无处可觅，无法深入。第三锭墨曾在“巡台御史钱琦的墨”（见《墨客列传》P35~52）一章内谈过，请参考该文。

写奏章给皇帝

疏，本来是通的意思，后来引申为说明解释古书和为其作注解。再加以演进，连呈给皇帝的奏章，也用这个字。那个时代没有打字机和计算机，上书皇帝时可得用上好的香墨，笔画也得工整一丝不苟，写出来的字光润黑亮且无任何异味。于是大臣的书房书箧里，就少不了这款带有“疏”字的好墨，提醒书童在磨墨时别拿错了。

图四里的三锭墨，除最后一锭休阳吴氏伯子墨还没查出背景外，其余两位墨的主人都赫赫有名。在“墨上有趣的官衔”（见《墨客列传》P143~158）一章，谈过第二锭墨的主人袁制军，是袁世凯的叔祖袁甲三。现在来看首锭的精选拜疏著书之墨，从背面文字可知，这锭墨是位叫嶰筠的人，于道光十三年（1833）所订制。

要谈这位嶰筠，就不能不提为销毁鸦片不惜与英国一战的民族英雄林则徐。当年他以钦差大人的身份到广州禁烟时，若是碰到一位颟顸不合作的地方官员，那他再怎么果断尽力，也会遭到牵制而事倍功半。幸运的是，当时的两广总督邓廷桢，无论在查缉销毁鸦片，还是在整饬军备加强海防上，都跟他密切配合，使得英国军队在鸦片战争初期，攻打广州、厦门两地都没讨到便宜。这位跟林则徐齐名的邓廷桢（字嶰筠），就是这锭墨的主人。

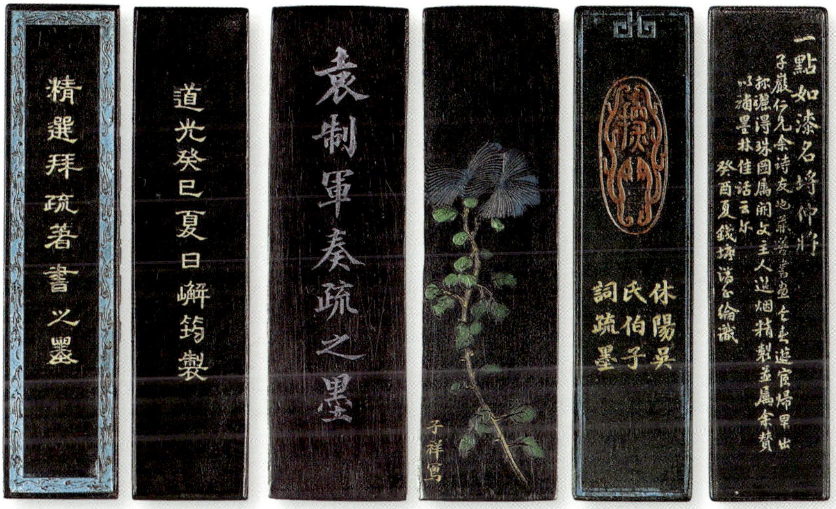

图四　拜疏、奏疏、词疏用墨

精选拜疏著书之墨，背写“道光癸巳夏日嶰筠制”，侧“十万杵法江节庵造”。

10.1×2.4×1 厘米，40 克。

袁制军奏疏之墨。

10.6×3.0×1.1 厘米，58 克。

休阳吴氏伯子词疏墨，背写“一点如漆名埒仲将　子岩仁兄余诗友也……癸酉夏钱塘潘正纶识”，

侧“徽州胡开文法制”，顶“纯漆顶烟”。

10.2×2.5×0.8 厘米，34 克。

他曾任安徽巡抚，得以就近订制此墨。从墨的样式尺寸来看，他为人低调。后来升任两广总督，英商违法输入鸦片的行为就在他管辖之下。当时有官员上书道光皇帝建议开放鸦片进口。作为主管官员，他一度表示赞成，认为若采用“寓禁于征”的做法，对国计民生都有帮助。然而在目睹鸦片的祸害后，他毅然改变立场转为严禁。并且在林则徐以钦差大臣身份来广东时，写信给林则徐，表示愿“合力同心，除中国大患之源”，以他比林年长9岁，考中进士更早十年的资历来看，这份开阔的心胸，有几人比得上！

虽然林则徐和邓廷桢在广州和厦门顶住了，没让英军得逞，但当战线拉长到北边浙江甚至天津时，清朝的昏庸无能和因循腐败就完全浮现。几度战败之后，反而是他两人倒霉，被当作替罪羔羊，双双被革职流放新疆伊犁，成为名副其实的骚人，实在没有天理。只是这种没天理的事，任何时代都会发生，民主时代也不遑多让！

用这种拜疏、奏疏的好墨，绞尽脑汁给上级写奏疏，既要歌功颂德以表达忠心，又得不露痕迹地展现自身才华，太累了！接下来总该弄点轻松的来舒缓舒缓，填词吟诗虽然不错，但深度稍嫌不够，有没有既可以培养自己声望，又不容易冒犯天威的呢？

考古和宗教

当然有，那就是到金石古董乃至宗教玄学上去作考证探讨，因此像“审释金石”“勘碑”“写经”等雅事，自然也成为骚人玩墨表现的场所。

图五这三锭，以陶斋尚书审释金石墨最耐看。正反两面除了题字，再无修饰，古朴凝重的砖文字体，赋予它古代高贵碑帖的感觉。它是清光绪二十九年（1903），由著名的篆刻家黄士陵选好制墨的烟料，委托曹素功墨

肆制作，送给一位陶斋尚书，当作他考证说明古文物的用墨。

黄士陵是徽州黟县人，他的篆刻从浙派入手，后来师承皖派邓石如，融会这两家的长处之后，开创独具风格的黟山派。2014 年在杭州西泠印社的拍卖会，他刻的一颗田黄石夔龙薄意闲章，成交价竟超过人民币 160 万，约新台币 800 万元，你说吓不吓人？也难怪这锭墨上的题字，不落俗套，让人耳目一新。至于第二锭茶轩勘碑墨，两面怪异的写法，同样出自这位骚人之手，是他帮同时身处陶斋尚书幕府的友人所制。

陶斋尚书当然是大官，他就是满人端方，字陶斋。1903 年他正担任湖北巡抚并兼代湖广总督时，黄士陵是他幕府成员，协助他编辑《陶斋吉金录》《陶斋藏石记》等书。五年后黄士陵病逝家乡，端方送上挽联[①]追述他俩在金石考古上的合作，流露出对黄士陵的无限钦慕。

辛亥革命那年，四川发生铁路的保路风潮，端方奉令率湖北新军进入四川镇压。但随即武昌起义，新军跟着哗变，端方跟他的弟弟在乱军中都被杀，死前端方曾求饶说他的祖先其实是汉人，姓陶，但无济于事。之后端氏兄弟的头颅，被送回武昌游街示众时，万人空巷，可见幸灾乐祸之心，古今相同。

端方这人其实颇为开明，他是中国第一所幼儿园和省立图书馆的创办人。1903 年他在武昌开办了省立幼儿园，并聘请东京女子高等师范毕业的三名日本保姆任园长和教师，这是中国幼儿教育现代化的开端。此外中国最早的几个官办公共图书馆，如江南（现南京）图书馆、湖北省图书馆、湖南省图书馆、京师图书馆的创立，他都出力甚多。但在那个动乱的时代，谁管你开不开明？还不就咔嚓一刀，请君入骚人之列了事！

磨墨来抄写佛经，在清朝皇帝的表率下，也是骚人所爱。例如康熙抄

① 端方送给黄士陵的挽联是：“执竖椽直追秦汉，金石同寿，公已立德，我未立言；以布衣佐于卿相，富贵不移，出为名臣，处为名士。”

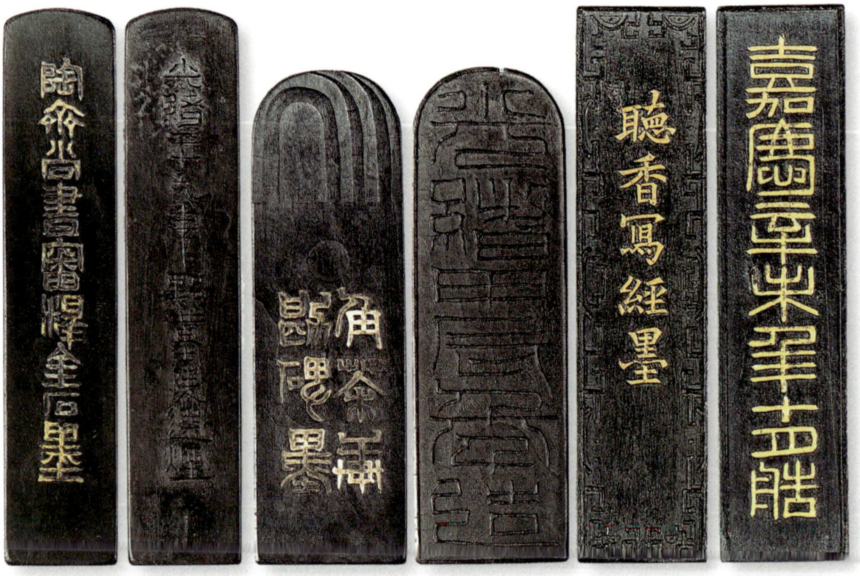

图五　审释金石、勘碑、写经用墨

陶斋尚书审视金石墨，背写“光绪二十九年黟黄士陵选烟”，侧“徽歙曹素功制”。

13.3×2.8×1.2 厘米，70 克。

角茶轩勘碑墨，背写“光绪甲辰年造”，侧“徽州休城胡开文造”。

13.2×4.2×1.9 厘米，148 克。

听香写经墨，背写“嘉庆辛未年十月造”。

9.4×2.2×1 厘米，28 克。

写过《药师琉璃光如来本愿功德经》，雍正有《金刚般若波罗蜜经》，乾隆的《般若波罗蜜多心经》等多篇，都曾由故宫博物院出版。图五最右锭的听香写经墨，反映出当时文人的时尚追求。

书画

看了那么多美丽的名词，对骚人墨客在为其墨命名时，喜欢不落俗套，想必有了更深刻的了解。但说来说去，墨总是供书写画画的，所以想省事者就干脆回归自然，直截了当地表明为书画墨。

图六里列出三锭书画墨，第一锭是曹素功的第十一世孙曹麟伯自制的岩镇麟伯氏书画之墨。他祖居徽州歙县岩寺镇，但制作此墨时店已迁往上海，故特别在墨上面标注家乡名，以示不忘本。

曹麟伯在上海主持墨肆时，并不以当个老板自满。他也结交书画家，除了把他们的作品缩小转到墨面外，还跟他们学书画。譬如晚清名画家任伯年就因此与他成为好友，曾在他家墨肆居住半年之久。另外他又重金礼聘当时首屈一指的墨模雕刻家王绥之来刻墨模。同样地，他也借此机会跟着学雕刻。于是在不少他家的墨上面，都可发现他在书画雕刻上的具名，就像这锭墨。这样一位深深融入艺术的制墨老板实在不多见，俨然骚人一位，当仁不让。只是曹麟伯这锭墨是仅供自己书画用，还是也在市面销售？现已不易分清楚。

中间的琴轩书画墨，在“朱熹与墨”（见《墨客列传》P159~176）一章里谈过，是乾隆年间在徽州紫阳书院担任校长的周鸿所订制，故在此略过。而最后一锭书画墨则是市售品，由康熙年间制墨家吴玉山的研云斋所制。不过从它背面所录唐朝人的诗来看，设计制作此墨的，显然带有骚人味。此墨呈圆柱形，挺滑光润，纹理细致，无论是正面所雕镂的双螭，还

图六　书画墨

岩镇麟伯氏书画之墨，背写“大岁在甲戌初平五年……艺粟斋主人作”。

12.2×3×1.5 厘米，85 克。

琴轩书画墨、研云斋书画墨，正面墨名，下钤印“研云斋”，

背写“才归龙尾含鸡舌更立螭头运兔毫　许仲晦句”。

11.4×2.8×1.4 厘米，64 克。

是背面的诗句，都线条分明刚劲有力，不同于等闲市售品。可以猜想它的销售对象是稍有功名、财力负担得起的文人。

骚人玩墨，除了以上玩法，还有做学问的“研经校史”“著书批鉴”；送往迎来的“持赠”“赠答”；以及投笔从戎后的“草檄”“磨盾”“杀贼记功”等花样。这样一来，原本单纯的写字画画，到了骚人手里，居然花样百出、炫人耳目。往好的方面想，是他们懂得追求变化，增添生活趣味；若持负面态度，那就是夸张无聊、瞎搞文字游戏。像这样一味讲究咬文嚼字、辞藻华丽，在太平安乐的盛世，人人叫好；但在进入衰退动乱的时代，那就是不可承受之重。清朝末年可为例子。

第二章

遵古法，最好

——循规

2

Chapter

翻开任何词典，“墨守成规”这个成语都给人不好的印象，因为它指的是：凡事照旧的方法来做，不需改变，也不去考虑外在环境是否已与从前不同。于是当我们说某人墨守成规时，通常意味着这个人不是太固执，就是太懒太笨，甚至是迂腐不知变通，再不改的话，就该换人了。

但把这句成语用到墨的制作上，可就再正确不过。这是因为墨的历史虽然超过两千年，但直到晚清，在许多墨上却还可看到“仿某某法造”的字样，反而没看过标榜新制法或新配方的。换句话说，即使墨肆在制作方法上有所改变创新，他们却只强调那没变的古法部分。

在悠久的制墨历史里，有独到创新的制墨家，何止百千。但就像许多祖传秘方已失传一样，现在看得到的古早制墨法并不多。而他们之间的差异，以现代的眼光来看，其实不大。因为他们的制程大致相同，所用的原材料也大同小异①。那么现存的制墨古法有哪些？它们之间有何异同？

---

① 墨的制作过程：

炼烟：用特制设备燃烧松干、油（桐油或麻油等）、漆，取它向上冒升的烟粉尘，分别得到松烟、油烟或漆烟的细灰（称为烟炱），是构成墨本身的最主要成分。

制胶：胶是用来把粉状的烟炱黏结在一起的必需品。通常是用动物的皮、骨熬煮而得。早期有鹿角胶、鱼膘胶、牛皮胶等。胶的好坏，大幅影响所磨出的墨在写字时的顺畅均匀。

备料：除了烟炱和胶这两样必备要素外，通常还有许多添加的配料，如麝香、龙脑（冰片）、金箔、珍珠、玉屑、 动物胆（熊胆、猪胆）、梣皮、紫草、丹蔘、皂角、巴豆等各类香料，矿物、中药材等。使制出的墨能够香郁、色浓、坚挺、光润、发彩、防腐防蛀。（据说可用的配料超过千种，但制墨时用哪些配料和用多少，则是各家的独门祕方。）

制模：墨模又称墨印或墨范，也就是制墨的模具。一般用石楠木、棠梨木等较坚硬的木头做底，把事先设计好的书体图案线条等，缩小反向以阳刻和阴刻的手法刻到木块上。一套完整的墨模，由上下左右面背共六块木头，以及把它们框在一起的模总所组成。

以上是制墨的前置作业，把各个生产原料和工具备妥之后，就可进入正式的生产工作，好一气呵成。

和料：这是各家制墨最主要的步骤。它根据独门秘方，把烟炱、熔好的胶、配料，按特定的比例和顺序，搅和在一起。对墨肆而言，和料是最高机密，只有核心一二成员才能完全掌握。和出来的墨团叫墨稞。

杵捣：和好料的墨稞，必须用铁锤反复捶打，使得烟细胶匀、所有的成分都能均匀紧密结合在一起。捶打的时间，依质量要求可长达四个钟头，捶打的次数，可达上万次。（墨面上往往夸大标示为“十万杵”）

压模：从墨稞取出预定重量的墨剂，放到工作台上反复揉压，再塞入墨模中，用工具把墨模压紧，使墨剂能挤满到墨模的边角缝隙，成为棱角分明、文字图案线条清晰的墨锭。

晾墨：脱模取出的墨锭，还有些湿软，必须送到晾墨间来自然晾干，环境的温湿度要严格控制，也要定时翻转，使干燥收缩时自然拱翘的墨体，能自行恢复平整。古时晾墨往往需要半年。

先看所用的材料。构成墨的首要不可或缺的原料，是称为“烟”或“烟炱（音tái）”的黑色粉尘，它是燃烧松树干后所得的“松烟”，或是燃烧油脂后得到的“油烟”。另一必要的原料，是用来黏合这些烟的胶。胶通常是熬煮动物的皮骨所得，古早时有过鹿角胶、鱼膘胶、牛皮胶等。

有了烟和胶，就可以黏合制成墨。但两者的比例如何？怎样让它们黏合？这可是各家的营业机密。此外，随着社会的发展，人们对墨的要求越来越高。于是能让墨好闻的香料、更坚挺并发亮的物质和能防蛀防腐的药材等就不断被发掘出来。随着各家研发不同配方的逐渐优化，制墨法也百花齐放。现在我们身边也有不少是标榜按照某某古法制造的墨。让我们来回顾一下这些制墨的成规。

韦仲将：松烟、好胶加鸡蛋，捣三万次

根据秦朝墓的考古发现，当时已有用烟和胶糅合的人工墨。而从东汉墓出土的一锭松塔形墨，更证明了当时已用简单墨模来规范墨的造型。另外据东汉时的文献记载：负责文书的官员，每个月都配发有墨。从这些事实可推知制墨业在当时已有规模。只是当时的从业者，大致是工匠之流，社会地位不高，因此没人想到把他们的制墨法记下来。

这种情况，一直到曹操的孙子曹叡（魏明帝，公元206—219年间在

（接上页）到此可算完成制作，墨锭已可使用。然而要上市销售交货，还须进行些后制工作，让它美观讨喜。

打磨：这是用锉刀锉去毛刺疙瘩，平整外形。高级墨还得打磨抛光、润以漆、袭以香药，以增加它的卖相和身价。

填彩：根据墨锭的图案文字，用胶水拌和金粉、银粉、高级颜料等敷填上去，使墨的外观亮丽吸睛，这就是制墨的最后一个步骤。

从以上制程来看，除了第五项的和料，其他都是偏劳力性的工作。因此各家制墨的差异，基本上是发生在“和料”这个步骤，包括是用哪些配料、烟炱与胶与配料的掺合比例以及掺合的次数、时机等等。

位）时，才有所改变。先来看这锭“见真吾斋书画之墨”（图一），墨背面篆书的最后几个字“按魏韦仲将十万杵法制”，清楚表明这锭墨是按照魏朝时候的韦仲将的制墨法，并且经过十万杵的捶打后制出。

韦仲将是谁？他的制墨法有什么特别？

没听过他的大名？不意外，但你绝对听过或引用过他的名言，“工欲善其事，必先利其器”，这可是他首先说出，而被后人认为经典，从此广泛引用。

从多方面来看，韦仲将非常杰出。他名诞，仲将是他的字，在魏明帝时官至光禄大夫，是皇帝的顾问近臣。他擅长书法及制作笔墨，魏明帝很欣赏他的字，有回在为新建的宫殿题字时，特别要他来写。没想到他对朝廷准备的笔墨纸张看不上眼，回奏说，必须是最好的笔墨纸才能写出他最好的字。“……夫工欲善其事，必先利其器，若用张芝笔、左伯纸及臣墨，兼此三具，又得臣手，然后可以逞径丈之势，方寸千言。”这句话里提到的张芝和左伯，分别是当时顶尖的制笔和造纸高手。显然韦仲将对自己的书法和所制的墨非常自负。而“工欲善其事”这句名言，也因此流传千古。

就是这种在皇帝面前也敢表态的自负，再加上他显赫高官的身份和超群的技艺，才终于有人正视制墨，并把他的制墨方法记录下来。

北宋状元苏易简写的《文房四谱》里，叙述了韦仲将的墨法，重点如下：

1. 取上好纯净的松烟，捣细并筛去杂质。
2. 每一斤松烟配以好胶五两，而胶得先用梣皮汁浸过，好化解干胶。
3. 再取五个鸡蛋的蛋清，外加捣细滤筛过的珍珠和麝香各一两。
4. 把所有材料调和在铁臼里，用力捣三万杵，多多益善。

配料里的珍珠，能使墨色光亮，于是有“仲将之墨，一点如漆”的美

图一　仿韦仲将法制“见真吾斋书画之墨”

正面墨名，背面写“光绪甲午吴氏仲子次清属休城胡开文仿易水李廷圭采黟山风松煤远烟和代郡鹿角胶按魏韦仲将十万杵法制”。

15.2×3.6×1.5 厘米，122 克。

誉。但是，“见真吾斋书画之墨”的背面说它是捣过十万杵，超过韦仲将墨法所要求的三万杵很多。这是什么原因？请看下节。

易水法：建立制墨 SOP，捣十万次

“易水”这两个字，是否让你想起一个悲壮的往事——荆轲刺秦王？荆轲要出发时，燕国太子在易水边设宴送行，出席的人都知道，此去是生离死别，个个悲愤填膺。荆轲举杯高饮后放声唱道：“风萧萧兮易水寒，壮士一去兮不复还……”众人不禁潸然泪下。

没错，就是这个易水。它在现今河北省中部偏西的易县，地处太行山东麓。有山有水，自古松林茂盛，而且质地优良。于是在南北朝时期，就取代汉朝时出产松烟墨的陕西省隃麋一带，成为新的松烟墨产地之一。

当地的工匠，勤奋努力，演绎出制墨的标准流程（SOP），统称为“易水法”。所制成的墨，叫作“易墨”，一时风行，畅销大江南北。同时期位于江南的南齐国，有位著名的书法家王僧虔，就曾称赞易墨“浆深色浓”，用来写字作画非常自如美妙。

这锭按易水法制作的紫英墨（图二），是乾隆末年的徽州制墨家潘怡和所造。紫英墨名下面的北斗魁星图像，则指出这是供学子应试的好墨，有预祝独占鳌头的意思。

易水法与韦仲将法有何不同？由于文献里没有详细制程，很难比较。不过南北朝时（公元 544 年左右），有位北魏人贾思勰写了本《齐民要术》，清楚记载一种“合墨法”，内容和韦仲将法大致相同，只把配料里的珍珠改为朱砂。由于年代相当，我们可以推想易水法的制程或许就是如此。

不过根据零散资料，易水法的核心技术可归纳出三点：1）讲究使用动物胶，最好是鹿角胶；2）讲究添加更多配料；3）把杵捣数增加到“十万

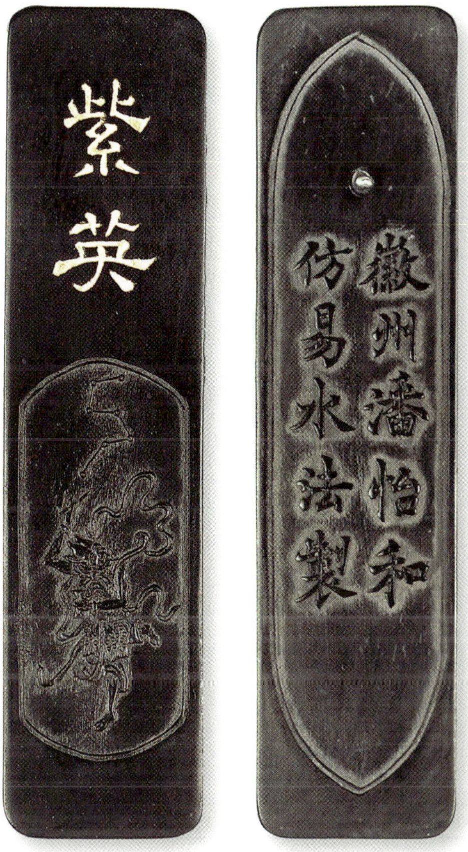

图二　仿易水法制紫英墨

墨正面写“紫英”，下镂北斗魁星；背写“徽州潘怡和仿易水法制”；侧写“嘉庆己巳年造”。
12.8×3.1×1.3 厘米，80 克。

杵”。其中以第三点的改变最大，让工匠最累。但是这会让混合后的烟和胶更加紧密，不致留下纠结的小烟团和气泡，从而避免烟胶之间仍有空隙，导致在研磨后产生的墨色不匀，以及墨锭容易崩裂等现象。

从此十万杵成为好墨的必要条件，非如此不足以吸引贵客的青睐。这也是为何图一的墨标榜“按魏韦仲将十万杵法制”。

易水法传到唐朝晚年，出了有名的奚氏制墨家族，兄弟奚鼐、奚鼎两人，都在墨史上留名。但真正光大门楣、独创一家之墨的，还是他们的孙辈后代——李廷珪。

李廷珪：造型墨、中药入墨、大量生产

这可奇怪了，奚家的后代，怎么会姓李？

长话短说。唐朝末年到五代十国期间，北方藩镇割据战乱频仍。许多家族不堪其苦而举家南迁。奚鼎的儿子奚超带着全家长途跋涉，辗转来到属于南唐国的徽州（时称歙州）。有感当地山明水秀，尤其古松茂密，松质优良，就决定留下来，好重振所擅长的制墨本行。果然在全家人辛苦耕耘下，业务蒸蒸日上，甚至受到南唐李后主的喜爱采用，变成朝廷用墨。

李后主的文学才华，最为大家熟知。连带他对墨的看重，也不同凡俗。爱墨之余，除了封奚超为官，还赐给他国姓“李”。从此奚超又叫李超，他的儿子奚廷珪，自然就成了李廷珪。再后代的李承宴、李惟庆等，也都排队当上朝廷的墨务官。

李廷珪家学渊源，制墨起步比别人早。又碰到赏识他的李后主，让他无后顾之忧潜心研发。他承先启后，对制墨业的影响，无人能出其右。

这两锭标榜仿照他做法的墨（图三），不同程度地显示出李廷珪在“对胶”“和料”“制模”等方面的创新。他首先改变前人定下的烟和胶

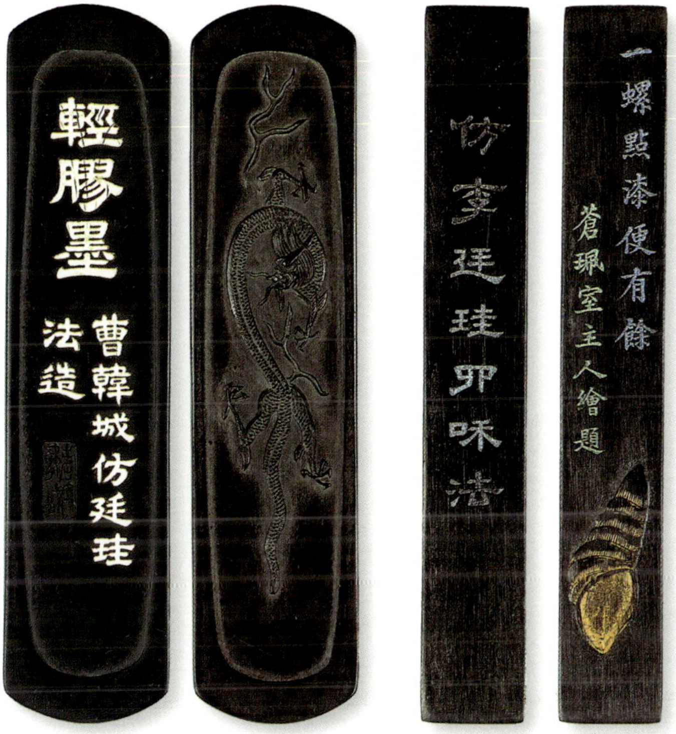

图三　仿李廷珪法所制墨

左“轻胶墨”，下写“曹韩城仿廷珪法造”。

11.5×2.2×1 厘米，50 克。

右“一螺点漆便有余”墨，由苍珮室主人（胡开文）绘题，背写“仿李廷珪四和法”。

11×1.7×1.2 厘米，40 克。

的比例，不再固守一斤烟对五两胶；又发明了把胶分四次掺和进烟里的“四和法”；他还钻研中草药对墨质的影响，找出能让墨味芳香、防腐防蛀、可长期保存的配料，有珍珠、麝香、冰片、樟脑、藤黄、犀角、巴豆等十二味药物；此外他还意识到要让世人珍惜重视墨，不仅质量要好，外观也很重要。于是他的墨模特别考究，他制出“剑脊龙纹墨”“双脊鲤鱼墨”“蟠龙弹丸墨”等有造型的墨，开风气之先。光看这些名字，就可想象其妙。

另值得一提的是，李廷珪家族显然开发出大量生产的技术。所以当北宋灭掉南唐（公元 975 年）后，在掠夺李后主所储存的李廷珪墨时，宋太祖得下令动用多艘船才把它们运到皇宫库房里。数量多到造开封相国寺门楼的时候，竟可用整车的李廷珪墨代替漆来涂抹装饰。只是经过这样挥霍，传到他孙辈宋仁宗时，一锭李廷珪的墨竟涨价到一万钱都买不到，比黄金还珍贵。（“黄金易得，李墨难求”）

李廷珪制的墨有多好？北宋人笔记所载最传神：在宋真宗时，李廷珪墨还不少，有位大臣不小心把一锭李廷珪墨掉到水池里，虽有点心疼，但想到墨泡了水，一定容易坏，就没去捞。过了一个多月，他在池边喝酒，又把一盏金质的酒器给掉到池里，这下可舍不得不管了，便派人下去捞。没想到不但捞出金器，还附带捞出那锭李廷珪墨。只见墨的光色没变，坚挺如新。由此可见它的质量实在非凡。

现今在台北故宫博物院里藏有举世无双的一锭李廷珪墨，它的一面有泥金草书写的“翰林风月”四个字，是乾隆五十六年时，任陕西巡抚的大收藏家毕沅特地搜寻进献的。乾隆非常喜欢，除了为存放李墨的书房亲笔书写“墨云室”的匾额，还邀请王公大臣来观赏古墨，一起赋诗作文志庆。而在经历清朝晚年的动乱后，这锭墨竟能毫发无伤地保存下来，真是难得。期待在不久的将来，故宫博物院能公开展出，让众人大开眼界。

张遇：桐油烟制墨

北宋时为避免五代十国的藩镇之祸再演，宋太祖杯酒释兵权。继任皇帝也都重文轻武，宋真宗还亲自作《劝学诗》[1] 来鼓励百姓读书。种种做法使得文治极度发达，墨的消耗量自然大增。

由于传统砍伐松树来烧取松烟的做法，已导致可用的松树快速减少，出现捉襟见肘的现象。于是寻找其他原料来供取烟，成为制墨业所必须面对的事情，许多文人也帮忙寻找替代方案。

像被英国剑桥大学李约瑟博士所称颂的“中国科学史上最卓越的宋朝人”沈括，就提出以燃烧石油来取烟的做法。苏东坡也指出在燃烧桐油取烟时，应该把生成的烟随积随取，这样烟才不会因燃烧过久而泛白，此外苏东坡被贬至海南时，还曾亲自制墨。最戏剧性的，是连导致北宋亡国的皇帝宋徽宗，也尝试用苏合油（金缕梅科植物苏合香树所分泌的树脂）来取烟制墨。徽宗的墨到晚他三十多年的金朝金章宗时，已暴涨成天价，一两墨竟要价黄金一斤。

曾被试用来取烟的油类，还有清油、麻油、猪油等。但最后胜出的，是桐树籽榨出的桐油。胜出因素是它的产量大、取得成本低，所制出的烟比较黑，亮度又好。而用桐油烟来制墨最成功最出名的，乃是北宋人张遇。这锭八边柱造型的“石帆画舫珍赏墨”（图四），即标明是用张遇的制墨法。制墨者是乾隆年间的石舟先生，全名孙蟠。他制墨上百样，当然现今存世的已是珍品了。

张遇也在徽州制墨。他的制墨法之一是桐油烟加龙脑、麝香这两味香

---

① 宋真宗《劝学诗》：“富家不用买良田，书中自有千锺粟。安居不用架高堂，书中自有黄金屋。娶妻莫愁无良媒，书中有女颜如玉。出门莫愁无人随，书中车马多如簇。男儿欲遂平生志，五更勤向窗前读。”

图四　用张遇法所制墨

八边柱型，上圈八卦名及卦象。正面墨名“石帆画舫珍赏墨”，印“石”“舟”；
背写“乾隆丙午石舟用张遇法造”；顶镂太极图。
长 11.6 厘米，直径 1.8 厘米，重 42 克。

料，并特别加入金箔，制成名为“龙香剂”的墨。在墨里起意加金箔，除了让墨坚挺，更能让墨华贵。这大概是顺应北宋人承平日久之后，讲究奢华的风气。记得前几年在日本，曾有餐馆在寿司上，或在清酒杯里，加入金箔，虽然索价偏高，顾客却丝毫不减，想来都是同样心理。

张遇应该不是第一个用桐油烟制墨的人，但是很多书都把采用桐油烟归功于他。原因之一想必是皇家喜欢他的墨，除了“龙香剂”外，他特制的“供御墨”和“麝香小御团墨”，不止宋朝，连敌对的金朝也喜欢。另外一个原因，可能是他的儿子张谷和孙子张处厚，都能传他衣钵，延续他家擅长制桐油烟墨的名声。

1988 年在安徽省合肥市郊一座宋代古墓中曾发掘出泡在水中的古墨，上面写“歙州黄山张谷男处厚墨”。显然是张遇的孙子张处厚所制。它像织布的梭子，体积较大，长宽厚 25 × 5 × 1.2 厘米，重 158.8 克。由于墓葬是在 1118 年的宋徽宗时代，可见此墨在被发现时已有约 870 年的历史。即使泡在水中多年，质地形状都没大变化，充分显示出张遇制墨法的不凡。

程君房入木三分，方于鲁灿烂缤纷

程君房和方于鲁是明朝后期的制墨大家，把他们放在一起谈的原因是两人本来是师徒。但其实有点尴尬，因为两人日后反目成仇了。程君房甚至写了一篇《续中山狼传》，来控诉方于鲁的忘恩负义。

不过两人的恩怨也带来正面的效应。在方于鲁出版《方氏墨谱》，以版画形态刊载他的三百多式墨样后，程君房不甘落后，穷尽心力制作出他的《程氏墨苑》，不仅收录五百多式墨样，还为每样墨式附上名人的题诗作序，使其得到广泛传诵，也进一步推动了墨业的发展。（两人的恩怨，请见第 37~54 页第三章“制墨双霸天的恩怨情仇”）

这两位都是道地徽州歙县人。那时徽州制墨，从李廷珪家族算起，已有七八百年的历史，上中下游业者比比皆是。在这样的环境下，程君房到处寻访搜集烟和胶的制墨法，加上他有天分，终能自成一家，独创漆烟制墨法。书中说他在桐油里加漆来燃烧取烟，配上麝香、冰片、珍珠、玛瑙、金箔、公丁香等名贵材料，使得当时人称赞他的墨“坚挺有光泽、黝黑滑润、不黏稠、写在纸上又不会晕染（坚而有光，黝而能润，舔笔不胶，入纸不晕）”。

传说程君房的墨曾被送进宫中，万历皇帝在使用时，因为蘸得太多，不小心滴了一滴在书案上。太监擦来擦去都擦不掉，甚至用刨子刨，还是留下墨印。万历惊奇之余脱口说：“入木三分，超过墨漆。”从此，徽墨的上品就被称为“超漆烟”，而程君房也自豪地说：“我墨百年可化黄金！”

方于鲁曾经穷途潦倒，程君房帮他买人参治病，并教他制墨，还进一步资助他开店。因此他的制墨配方来自于程君房，不过他在和剂配料上也有自己的创见。此外，他在推升墨的美观工艺上有很大贡献，譬如他延聘工匠精心刻制墨模，展现出立体动感；又首创刮磨方法，让墨的外表细腻光滑，光可照人（其润欲滴，其光可鉴）；更用五彩的纹饰，营造灿烂缤纷的视觉效果。不过或许因他太注重外观，使得当时有些人对他的墨的质量有所批评。

图五这两锭仿程君房及方于鲁法的墨，一锭是徽州曹圣文仿程君房法所制，墨上的曹圣文和四余老人的身份，我还不是很了解；另一锭由汪近圣制、曹振镛持赠的，是曹振镛用来当作伴手礼的“品物咸亨”墨。第二锭墨仿方于鲁的松烟墨制法，并把外框刮磨，形成漆衣，非常光润。曹振镛也是徽州人，历经乾隆、嘉庆、道光三朝，官居宰相职的大学士兼军机大臣达十四年之久。道光朝累积的庸碌无能，以致在鸦片战争一败涂地，他有相当责任。

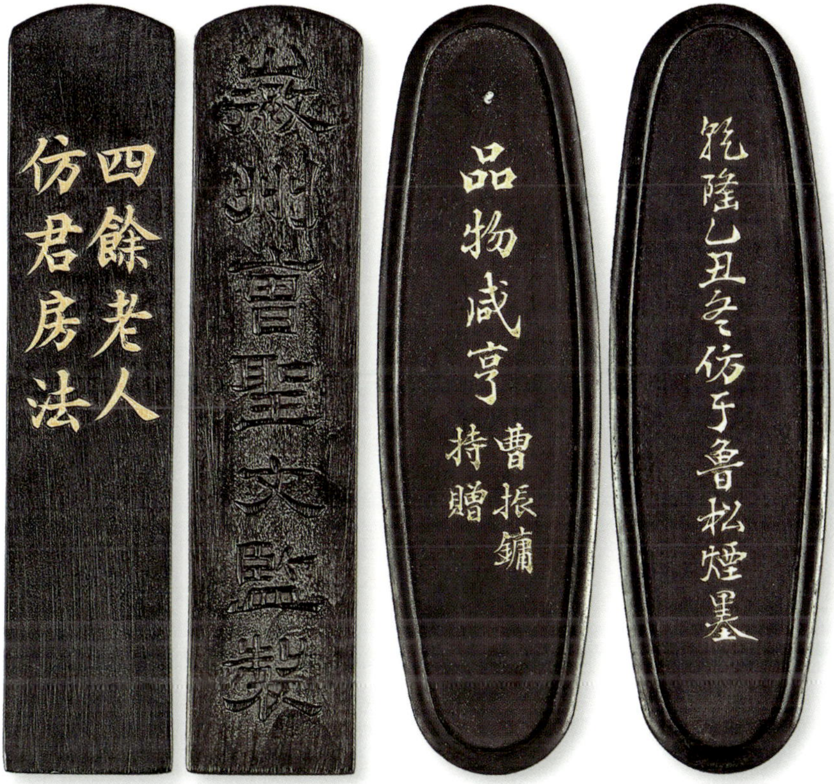

图五　仿程君房、方于鲁法所制墨

左墨正面墨名“四余老人仿君房法”，背写“徽州曹圣文监制”。

10.4×2.3×1 厘米，48 克。

右墨正面墨名“品物咸亨”，下“曹振镛持赠”；背写“乾隆乙丑冬仿于鲁松烟”墨；

侧凹槽内题“徽城汪近圣造”。

11.8×2.9×1 厘米，60 克。

墨守成规?

这些墨上面虽标出了所使用的制墨古法，但它们真的是墨守成规做出来吗?

其实有可能不是。因为在明朝以及之前的墨上，极少见到这种做法，而清朝乾隆年以后才逐渐流行起来。之前谈到的韦仲将、李廷珪等的制法，看似完整，但相信在古人素来“祖传秘方，传子不传媳，传媳不传女”的心态下，真正的秘方是不会形诸文字的。因此后续制墨家的工序，虽然与众多古法相似，但在许多细节处都得研发出自家秘方，才能以此成名。这使得他们不需也不屑强调是仿古人的制法。

但在程君房、方于鲁两位之后没多久，清军入主中原。对当时的明朝人来讲，中原大国输给边陲，文明先进输给落后，礼仪之邦输给蛮夷，实在是心有不甘吧！这种感受，在徽州人的心里可能更重。毕竟，徽州出了太多的将相名宦，也称霸了太多的行业。

徽州墨业在这种心理下，先是在顺治朝和康熙初年，尽量不在墨上标出清朝的年号。其后虽在康熙治理下逐渐顺服，但又见到往后多次文字狱的血腥镇压。想不被无辜牵累，干脆仿效学术界的寄托于金石考证，开始墨守成规。这样一方面托庇古人不突出自己而避免触法，另一方面暗示：在你清朝的统治者统治下，我们才思枯竭，做不出好墨，必须仰赖古法，这可是今人不如古人。清朝统治者知道吗？不惭愧吗?

第三章

制墨双霸天的恩怨情仇

——爱恨

3

Chapter

古希腊的伊索寓言里，有则牧羊人与小狼的故事：牧羊人捡到几只小狼崽后，很细心地抚育。心想把它们养大，不仅能保护自己的羊群，说不定还可以去抢别人的羊回来。没想到小狼长大了，却先趁机咬死牧羊人的羊。牧羊人悲叹地说："我真活该！狼都该杀死，我为什么还去养大这些小狼崽呢？"

无独有偶，古代中国也流传相近的中山狼的故事。春秋时期，晋国大臣赵简子到中山（现河北定县）打猎，射中一只狼。负伤逃跑的狼求救于路过的东郭先生，他好心把狼藏进布袋，瞒过了赵简子。不料狼脱险后竟忘恩负义，反而要吃掉他。几经周折，幸遇另一位老人用计将狼引入布袋内杀死。

中山狼的故事虽是虚构，却被明朝制墨双霸天之一写入他的著作，来控诉另一位。双霸天是哪两个人？他们之间发生了什么事？

制墨大跃进，诗画上墨身

话说明朝万历时是明朝由盛转衰的转折点。史学家黄仁宇写过一本畅销的《万历十五年》，对当时的关键人事多有着墨，十分精彩。不过黄仁宇对这段历史进行了宏观把控，看不到制墨这个在当时还算卑微的行业。巧合的是，制墨业走了上千年的路，在万历朝竟也起了巨大的变化，影响后世深远。而掀起变化的主角，是两位徽墨大师程君房和方于鲁，以及他们的恩怨情仇。

以双霸天之名来称颂程君房和方于鲁，并不过分。因为在他们之前，制墨的工艺技术虽已成熟，但整体制墨业的形象仍较低。人们对这一行业的印象是工作环境脏乱、从业人的文化水平低、缺乏有力营销做法，以及产品艺术品位不足等。然而在两人投身制墨并激烈竞争后，整个制墨业受

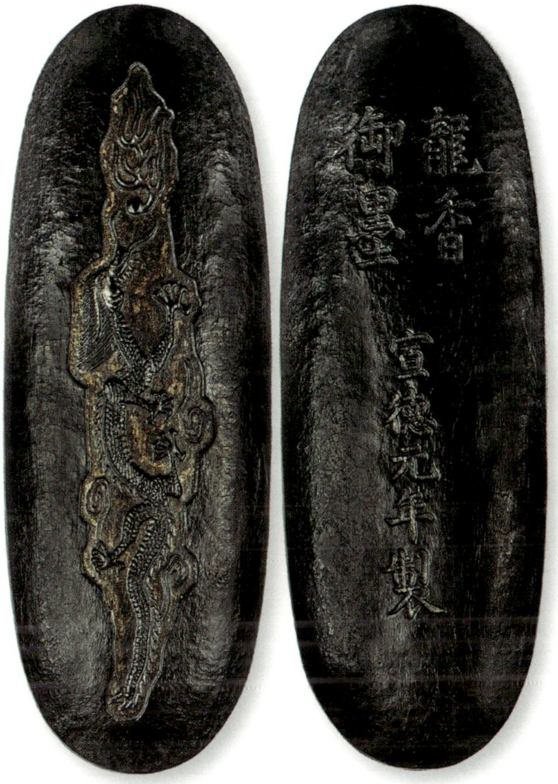

图一　宣德元年制龙香御墨

以五爪龙戏火珠为主题，没有背景底纹装饰。
13.1×4.6×1.2 厘米，82 克。

到巨大冲击，首先是在墨的图样装饰上。

北京故宫博物院的专家吴春燕，深入研究故宫所藏的五万多件明清古墨后，发现万历朝（1573至1620年）之前的墨，大都一成不变，以没有背景、没有底纹的龙和螭[①]为主题。明宣德元年（1426）的一锭“龙香御墨”（图一），恰可证明她的研究所得。

但是到万历年间程君房和方于鲁的墨却大为改观，可以看到各式各样的主题。举凡诗文、山水、民俗、典故、神话、人物、花鸟兽鱼、天文星宿等，都被他俩用来美化墨。方于鲁的“百花香露”墨（图二），恰可阐释制墨家跳出传统窠臼的巧思。

这锭墨的墨名之后，有篇方于鲁的吟咏文章，再盖上他两方小印。墨背面镂上满载的大花篮，内有牡丹、芍药、梅、菊、兰花等。细看之下，发现花叶稍微卷曲，富有立体感。可惜图面的色彩只剩残迹，显不出原有的亮丽，但仍展露出方于鲁的色彩缤纷、绚丽夺目的制墨风格。北京故宫博物院藏有一锭他的“文采双鸳鸯”墨，历经四百多年仍不减风采，令人神往。

为了要让墨有好的图案设计，程方两人特别与画家合作，以求不落俗套。像“百花香露”墨上的图画，就是画家吴左千所绘。而在画家中合作最密切的，是晚明画坛中奇特并享盛名的丁云鹏（字南羽）。他的画多藏于故宫博物院，非常珍贵。尤其他有幅“三教图”，画出佛、儒、道三教创始者共坐树下相谈的场景，想象力和所含哲理十分丰富。就是这样的画家，协助两人开创出墨的新天地。

程君房的“题丁南羽百爵图”墨（图三），正面有他称赞丁云鹏的诗；背面则刻镂丁云鹏画的百鸟，有的凭空飞翔，有的栖息树石，动静自如，也都生动立体、刻画入微，非常精细。

---

① 螭：外形像龙却无角，是中国古代传说中的动物。

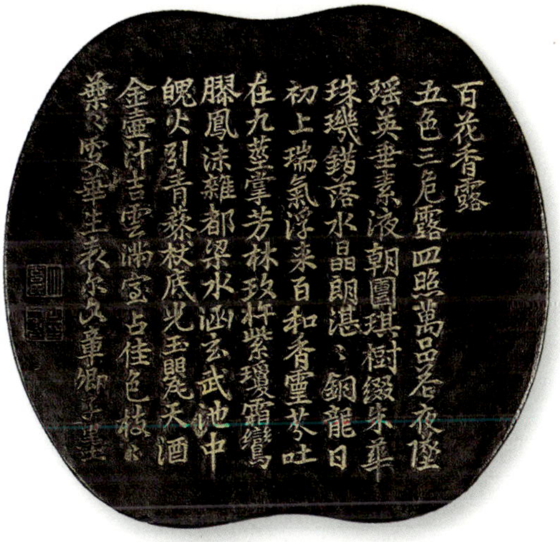

图二　方于鲁制百花香露墨

正面为墨名及方于鲁的 108 字文章，背面镂满载牡丹、芍药、梅、菊、兰花等的大花篮。

10×11×1.6 厘米，236 克。

图三　程君房制题丁南羽百爵图墨

正面载程君房赞丁云鹏诗："丁生画手妙入神，间画禽鸟皆逼真，顷余墨苑收名笔，却看百爵图中出……"，后印"程幼博"；背镂百鸟；侧写"天启元年程君房制"。

直径 11 厘米，厚 1.8 厘米，重 212 克。

图四　程君房制落日放船好墨

正面诗“落日放船好，轻风生浪迟。竹深留客处，荷净纳凉时。公子调冰水，佳人雪藕丝。片云头上黑，应是雨催诗。”背镂对应图。

12.2×9.3×1.8 厘米，198 克。

找到知名画家合作富有新意的墨样图画，只是第一步。因为要把它在墨上缩小呈现，且能传达原有意境，对墨模的雕刻功夫提出很高的要求。尤其墨比书籍容易呈现立体效果，这时得靠用刀的深浅，塑造出远近的相对关系，从而增添墨的艺术欣赏价值。

双霸天在这方面也不惜投资，延聘巧工良匠，凭借徽州人在石雕、木雕、砖雕上多年累积的技术，转用到墨模雕刻上。程君房的“落日放船好”墨（图四），从云彩、奇石、人物、竹林、荷花叶、水纹，乃至题字，等等，令人惊叹墨模雕刻的卓越。而墨雕的构图灵感来源，乃是所附的诗句：“落日放船好，轻风生浪迟……”它是唐朝诗人杜甫的作品，显示了他们多方寻求墨样题材的不拘。

墨上的图案、敷彩、雕刻、诗句等，固然可抬高墨的身价，但毕竟只是附加的价值。如果本身的墨质不够好，写字作画时墨色浓淡不匀、运笔不顺，那一切都是枉然。然而如何能让顾客在没买之前，就相信接受墨的质量呢？

这是古今中外所有商家都得面对的问题。只是在那还没美女模特儿及大众传媒的时代更加头痛，显然得靠口碑。而最好的口碑，应该是名人的加持与赞扬。那么当时最显赫的、全国上下皆知的名人是谁？

想来非皇帝莫属吧！这就是双霸天在提升墨业上的又一贡献，间接用皇帝来帮忙宣传。

皇帝代言宣传

万历皇帝在历史上很有名，由于不满文官集团，他创下三十年不上朝的记录。但对墨他可毫不含糊，依当时记载，他对民间的好墨非常有兴趣，这使得制墨双霸天都有机会进贡他们的精心杰作。

程君房曾透过太监进贡“天保九如”“五星聚圭璧”“龙凤呈祥”“日初升”等许多墨。在前一章里，曾提到万历帝有次用他的墨时，因滴了一滴在桌上，擦不干净，惊讶之余，脱口称赞：“入木三分，超过墨漆！”这岂不是出自皇帝金口的最佳口碑？从此徽墨中的上品，便有“超漆烟”的称号，形同用万历的话来“背书”。

图五的“六龙御天颂”，应该是一锭程君房用以进贡的墨。因为在正面的颂辞之后，另起一行写“原任鸿胪寺序班臣程大约谨颂”等字，说明这是他辞掉官职后所制，用来进贡的。鸿胪寺序班这个九品芝麻官（类似外交部科员），是程君房（原名大约）担任过的唯一官职。此墨呈石鼓型，尺寸不小，重达 1,000 克。背面镂六龙穿梭云间，巨龙居中，正面向外直视，眼神威严，另五条小龙则环绕起舞。鼓边上下覆有交错乳钉，鼓腰还密密麻麻地写满篆文的字。

不让程君房专美于前，方于鲁也曾进贡属性为“国宝”“国华”类的墨。他原名大激，字于鲁，但在把署名“于鲁”的墨进贡后，因受到万历皇帝的嘉奖，就干脆把于鲁当成他的正式名字。图六这锭牛舌形的“天府御香”墨，制作时间是万历十年（1582），像是个进贡品。正背面的上方都有如意云纹，墨名下则各镂五爪龙飞升，形状相似却稍有不同。全墨贵气逼人，烟质细腻，光润且黑中透紫，是锭好墨。

能得到皇帝的褒奖，当然有助于抬高身价，奠定两人在制墨界令人钦羡的地位，也附带提升制墨业的形象。但真正让两人名垂不朽，到今天还常被学术界拿来研究的，是他们各自记载墨品图样的专书：《程氏墨苑》和《方氏墨谱》。两本书的取材、内容、编排、印刷，在制墨界是空前绝后，也大幅提升了文人社会对他们的评价和肯定。

为什么在他们之前的制墨者没有出书，而他们两人却开创此举呢？主要是因他们不是单纯的墨匠，而是能写能诗的文人，并且当时雕版刻书行业正蓬勃发展。程君房甚至在尚未因墨成名前，一度热衷于编书、校书、

图五　程君房制六龙御天颂墨

正面颂辞："明明元后抚时握枢驾六飞龙登于天……"等 128 字，背镂六龙穿梭云间。

直径 14.5 厘米，厚 4 厘米，重 1,052 克。

刻书、出版书等。

《方氏墨谱》1588年首次出版，分门别类收录墨样三百多幅，并请当时徽州德高望重的人写序。《程氏墨苑》则在七年后开始筹划，并在1605年首次大规模出版，内收录五百多幅墨样。但这本书更进一步，除分门别类外，还就着墨样，附上他向各方贤达邀来、与墨样对应的诗词题赞。这里面包括董其昌、申时行、顾宪成、孙承宗、熊廷弼、温体仁等赫赫有名人士，更加衬托出书的不凡，有助于流通销售。

两书出版后都洛阳纸贵，也都有许多后继的增删、再版、盗版等，对提升制墨业的整体形象有莫大助益。台湾师范大学艺术史研究所的林丽江教授为撰写博士论文[①]，曾查阅过世界各大博物馆及私人收藏的三十多部《方氏墨谱》和二十多部《程氏墨苑》，得出许多精彩的发现。

《程氏墨苑》尤其特殊，除了有彩色版本，还收录了四幅以基督教故事为主题的西洋版画，且每幅都有耶稣会教士利玛窦以罗马拼音所写的标题。前三幅还加上利玛窦以罗马拼音配合汉语对照所写的释文。你说程君房这个人神不神奇？这使得许多研究中西文化交流的学者，如法国的汉学家伯希和、耶鲁大学历史系的史景迁等，都对这本书进行过研究。而林丽江更考证出：只有第四幅才是利玛窦所赠送，推翻了许多前人的看法[②]。

从以上程方两位的许多创举来看，称他们为“制墨业的双霸天”应该不为过吧！只是怪了，为什么两人在心有灵犀一点通、同时努力颠覆传统的情况下，却又演变成有中山狼的故事所比喻的那种恶劣关系呢？

---

① Lin, Li-chiang: The proliferation of images: The ink-stick designs and the printing of THE FANG-SHIHMO-PU and THE CHENG-SHIH MO-YUAN, Princeton University, 1998.

② 林丽江，晚明徽州墨商程君房与方于鲁墨业的开展与竞争，《法国汉学》2010.13，P121~197。

图六 方于鲁制天府御香墨

如意云纹下分写“天府”和“御香”，再下各镂五爪龙，
背面左下“壬午年海阳”“方于鲁珍藏”（徽州古名海阳）。
22.2×8×2.5 厘米，450 克。

恩人反目成仇

这得从两人的背景和互动来探讨。其实他们是同一年（明嘉靖二十年，1541 年）出生的徽州歙县同乡，他们的父亲也都是常年在外奔波的徽商。所以他们从青少年时期就跟着长辈在外历练，走过大江南北，见识当然超过一般在徽州土生土长的传统墨匠。

相似点到此为止。程君房是正室所生、家教严，养成他循规蹈矩，服膺长幼有序、尊卑有别的传统观念。做起生意来也规规矩矩，存了不少钱。方于鲁却是他父亲在外娶的风尘女子所生，性格玩世不恭、随意多了，也学他老爸留恋青楼，以致到他得病返乡时（约 1564 年），已床头金尽而必须向亲戚求助借贷。然而借多了，谁会理他?

于是在初冬（约 1566 年）的一天，病中的方于鲁托朋友引介，带着自己所作的诗文，衣着寒酸冻得发抖地前来拜访程君房。当时程君房正怀着所有文人共同的心愿，想考上功名以光宗耀祖，并已捐钱取得太学生资格，去过北京就学国子监、准备科举考试。闲时则以他从小兴趣所在，并已累积许多经验和心得的制墨方法，制些墨来广结善缘或赚点零用钱。

看到方于鲁可怜的模样，程君房动了恻隐之心。加上可能需要人手帮忙，干脆好人做到底，收留方于鲁当助理。他花大钱买人参帮方于鲁治病。考虑到方没有谋生能力，就传授制墨秘诀。并且在方学会后，进一步资助其开设墨肆，让方能展开新生活。

等到程君房多次科举考试都考不上，十年一觉扬州梦，梦醒回到徽州时，方于鲁已因专注制墨建立起自己的名声，并且借儿子的婚姻，结交上徽州权贵，不甩程君房了。更伤感情的是，方于鲁还曾设计得到程君房老婆的美艳侍女，这在有上下尊卑观念的程君房眼中，实在不能忍受。于是程君房也积极投入制墨，两人展开激烈竞争，前面提到两人在制墨上推陈出新，以及争相进贡给万历皇帝等事，都是竞争之下的产物。

有竞争不是坏事，程君房也不是那么不讲理的人，但怎么会引出中山狼的沉痛说法呢？

原来程君房因太过方正，对家族后辈的不当行为常常不假辞色，使得他们怀恨在心；再加上他家有余财，于是被家族中不肖之子盯上。他的侄儿等亲友设计诈取他钱财，甚至嫁祸他谋害家仆，以致在官府没能及时理清真相的情况下，54 岁的他被关进牢笼长达六年之久。最后虽然案情大白无罪开释，但已家徒四壁，人事全非。

出狱后的程君房决心东山再起，研制新墨及策划出版《程氏墨苑》就成为他的行动核心。尤其有个说法，出版以墨样为主题的书，原是他的点子，但因忙于科举没来得及付诸实施，竟被昔日助理方于鲁抢先一步，轰动士林。这让他情何以堪，就此刺激出一定要胜过方于鲁的信念。于是广邀名人为他的墨和书题诗题字、彩色印刷，以及纳入西洋版画等，都是他的创意发想。

而嫁祸给他的事，据说方于鲁也是同谋。因此程君房在把事情经过写成《续中山狼传》时，方于鲁当然被列入控诉名单内。程随后还把文章纳入他广为流传的《程氏墨苑》中敬告世人（又一创意）。只是方于鲁也不是省油的灯，你既出书，我就设法或买或借，到手后随即把那篇文章撕掉烧掉，来个毁尸灭迹。于是现存不多的《程氏墨苑》里，大多看不到这篇文章。

双霸大的恩恩怨怨已是过眼云烟，两人在制墨业的地位，也没受到《续中山狼》事件的影响，都修成正果流芳百世。至于他们傲人的墨品，纵然当时广受欢迎，却仅有少数能通过岁月动乱而留存下来。台北故宫博物院现藏程君房墨六十多锭，北京故宫博物院藏有方于鲁墨约八十锭，其他地方所藏的大都在个位数。然而在古玩市场上却常常看到两人名号的墨，想来应该是利用程方的仿冒品发点小财。这么多的仿品，其实也印证了后人对他们的肯定。

有子传承

还有一件事值得一提，为他俩的相似再添一桩的，就是两人分别都有儿子接班，继续发扬他们的事业。先看一锭书案型的“孔明书案”墨（图七），底面题有“君房士芳制”。说明制墨者是程君房的儿子程士芳，却借着老爸的大名来抬高身价。类似有父子两人联名的墨，最早出现于 1604 年的“金不换”墨，随后陆续还有多锭。只是手边这锭“孔明书案”墨不见于《程氏墨苑》所载，也没标注制造年份，不知其真伪。

程君房有几位子女？看不到相关纪录。只知他前三个儿子不够孝顺，长子程士庄甚至在他入狱时，受到奸人的教唆，把家财搜刮一空。此墨上面具名的程士芳，排行可能是老四。他愿投身制墨，该让老爸有所安慰。

另一锭“香奁（音 lián）”墨（图八）也同样是父子联名。它背面虽大字写“于鲁制”，但下面的印章“方氏子封”，却点出真正的制作人是方于鲁的儿子方子封，又请老爸来站台撑腰。这锭墨的烟料质量和光彩色泽都颇有可观，而且与上锭墨一样，造型不俗，然而却同样没写制作年份。看来若是制作于老爸死后，标记出来对墨的身价不会有什么帮助，于是就省罢。

不管如何，父子联名总是佳话，双霸天在泉下有知，该会满足不再斗了吧！附带一提，方于鲁在 1608 年离开人世，但饱受打击的程君房却越战越勇，甚至在两年后高寿 70 岁时喜获麟儿，有他朋友的祝贺诗为证，真是老当益壮！但之后又活了多久却不得而知。有些挂名他制作的墨上写着“天启元年制”，也就是 1621 年制的。若真属实，表示他竟然活到 80 多岁。若扣掉无辜坐牢的六年不计，算起来仍比方于鲁多活好几年，看来老天爷还是公平的。

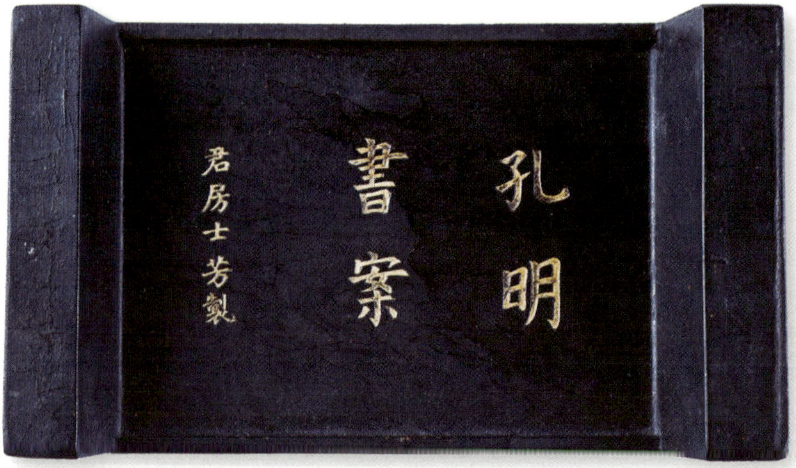

图七　孔明书案墨

署“君房士芳制”。16.4×9.1×3.6 厘米，380 克。

图八　香奁墨

圆柱形，背面写“于鲁制”，印“方氏子封”。
长 9.8 厘米，直径 2.3 厘米，重 56 克。

第四章

4

Chapter

凡我出品，必挂保证

——自豪

墨的主要成分，乃是黑蒙蒙不起眼的“烟”，以及煮化动物皮骨所得、通常会散发恶臭的“胶”。这两者拌合在一起，另添加少许能促成它香黝亮挺的，次要原料像珍珠粉、龙脑、麝香和一些中药材，再经过杵捣、压模、风干、描金等繁复工序就大功告成，有墨可用。

这些原材料和工序本来已众所周知。然而有些杰出的制墨家，却能运用他们独家巧妙的配方创新、细密扎实的品管制程、配上优美的书法图案，使得最后的成品让人惊艳喜用，甚至作为宝贝收藏。主要的原因就在于名家的精心杰作，在还没使用时，外观典雅坚实、光鲜亮丽，如同可供收藏的黑玉；而在加水研磨后，墨汁浓重而黝黑有光泽，笔顺光鲜胜过亮漆。

这些杰出的制墨家，无疑会对其出品感到自豪，这从他们为墨所取的不凡名字就可明显表露出来。请看以下的代表作。

非烟：似烟非烟，不只是烟

前面说过，墨的最主要成分是烟。但奇怪的是，怎么会有制墨家把他的墨取名叫“非烟”的？

明朝晚年最杰出的制墨家程君房所制“非烟”墨（图一），两面拱起呈弧形，整体上漆，触手的温润舒滑感，加上英挺的外观，让人不由自主地赞叹！制墨的时间是万历甲午年（1594），是程君房放弃仕途回到家乡，要专注在制墨上与方于鲁一别苗头的当下。

明明是烟所制成，却命名“非烟”，猜想程君房是要表达这锭墨“不止是烟”，而是融入了他的心血、贯注了他的精神的，就像墨背面铭文里所说的“玄之又玄”，而他所下的功夫，应可被记载进史册，永远流传（功成竹素，亿万斯年）。

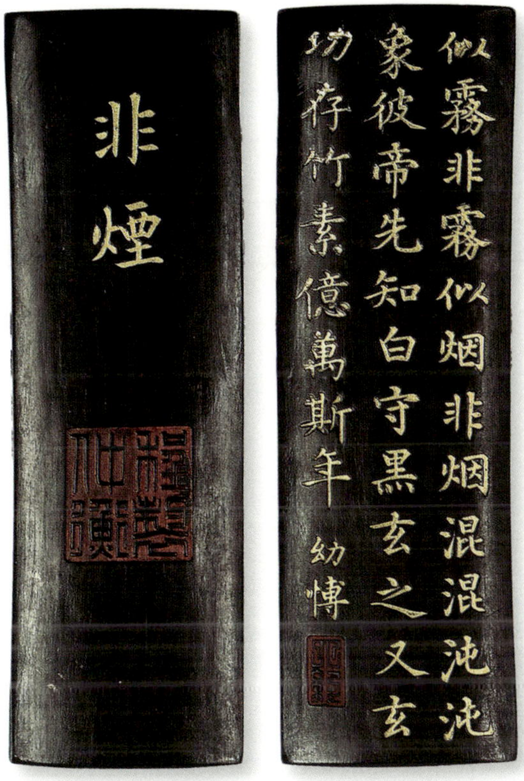

图一　非烟墨

正面墨名，印“程仲衡制”；背面“似雾非雾似烟非烟混混沌沌象彼帝先知白守黑玄之又玄功成竹素亿万斯年幼博”，长印“大约”；两侧分写“大明万历甲午年”及“程君房造”。

10.6×3.4×1.0 厘米，46 克。

寥天一：寂寥状态下进入天人合一

这三个字比非烟还要古怪。它的出处很早，是先秦战国时代的《庄子·大宗师》："安排而去化，乃入于寥天一。"简单来讲，是"寂寥而与天合而为一"的意思。这么充满道家意境的词，竟也常被采用作为墨的名字。

明朝汪仲嘉所制的"寥天一"墨（图二），本色朴实，但越加把玩，越觉得它细致大方。汪仲嘉和程君房一样是徽州歙县人，名声虽没程君房响亮，却也是高手。题铭的唐鹤征是进士出身，明朝晚期著名的儒学大师、书法家。墨上的"寥天一"三字，应该出自他亲笔。

"寥天一"作为墨名，并不是从汪仲嘉开始。因为程君房、方于鲁和其他多位同期的制墨家，都有同名的产品。揣测他们之所以采用这个玄妙的名称，是因为在制墨过程里，他们辛苦寂寥又全神贯注，忘我且进入天人合一的境界。这三个字既代表他们的心境，也彰显他们对产品的自信。

太玄：高深又莫测

前两锭墨的铭文里，都有"玄之又玄"四个字。想来公认制墨这项苦工，能把一些不起眼的原料，变成黑玉般的文房至宝，实在太玄妙太神奇了！既然这件事玄之又玄，那有没有人干脆把墨命名为"太玄"？

图三的墨就是。这锭墨呈圭形，古意盎然，坚挺又黑黝润泽，是不多见的好墨。墨的正背面的长条形纹饰尤其特别，从上往下拉出的，左右相对而视，像蛇身独角兽；而由下往上的，则是背对朝外的不同兽首。整体图案，有商周时代青铜器纹饰的味道，也呼应了"太玄"这个莫测高深的名字。

图二　寥天一墨

正面墨名，下印“十万杵”；背面写“相非相色非色玄之又玄不可思议功德凝庵道人唐鹤征铭”；
侧边“歙汪仲嘉按易水法造”。
8.7×2.7×1.0 厘米，30 克。

图三　太玄墨

正面额珠，下长条金框内写“太玄”；背面圭型双线框内书“大雅堂”，
框外两侧写“万历”及“年制”，下钤金边印。
12×3.2×1.0 厘米，56 克。

大雅堂是不是一家墨肆？不清楚。当时徽州歙县有位大官，做到巡抚总督职位的汪道昆，他家的堂号就叫大雅堂。他打过倭寇，编过戏曲，近年还有人考证说他是名著《金瓶梅》的真正作者。以他官威显赫望重士林的身份，徽州应该不会有墨肆敢叫大雅堂，来对他有所冒犯。汪道昆和方于鲁有姻亲关系，也是方于鲁在和程君房拆伙后，最重要的支持者。因此这锭墨有可能是方于鲁帮他家制作的。

苍璧：可以祭天的墨

古人对天的崇拜，无以复加，从而制定出祭天的礼仪。这难道是因远古时候有外星人从天而降，传授文明，所以要祭天？而祭天的用品，也很奇怪，不是吃的用的，而是苍璧，一种青色的、圆环形状、扁扁的玉石。至于为什么用苍璧来祭天？可能的说辞一大堆，但永远无法得知真相。不管如何，苍璧这块玉石在古人心中的地位非常神圣。制墨家当然不会也不敢滥用这个名字，因此以它来为墨命名，代表了制墨者对产品的肯定和骄傲，因为它象征了可以用来祭天的苍璧。

图四中的两锭墨，都不是苍璧原该有的扁圆带孔形状。第一锭像小牛舌，墨光内蕴不显，坚如玉石，没写制作年代，也缺墨肆名。所幸从方于鲁的《方氏墨谱》，可找到同名同式样的墨。应是后仿品，但仿得逼真而可观。

第二锭“苍璧”画面较丰富，写墨名的正面，上下有回文饰框，中间的印章内是钟鼎文，不易辨认，猜想是写上面苍璧两字的书法家的大名。背面上方刻的是北斗七星，中间是红日（月），下方祥云朵朵。有趣的是，红日里还有头瑞兽。

由这些图案，可推想第二锭苍璧墨的客户群，应该锁定在官僚集团。

图四　苍璧墨

左墨正面墨名，背面镂羽毛图样，中间茎如藤蔓。

9.5×3.8×1.3 厘米，42 克。

右墨正面墨名下钤印，背镂北斗七星、红日、祥云图，

侧边写“十万杵汪节菴造”，顶写“顶烟”。

10.4×2.4×0.9 厘米，36 克。

因为北斗七星象征北辰，而孔子说以德行政，就像天空中居中的北极星，众星自然围绕着它（为政以德，譬如北辰，居其所而众星拱之）；红日则象征着盛德善行如太阳的光，可以远播四方；再加上墨名叫苍璧，全都在勉励使用者要敬天事人，以德教化。

天琛：天然的宝贝

赋予墨不凡的名字，始于明朝后期，原因或许和徽商的兴起有关。徽商自许为儒商，影响所及，很自然想要为墨取个既玄又妙的名字来哄抬身价。明亡后进入清朝，徽墨依然独霸，将这种风气延续下来。康熙年间执业界牛耳的曹素功，在得到康熙赐墨名“紫玉光”后，更推出如：天瑞、天琛、苍龙珠、青麟髓、千秋光、豹囊丛赏等许多名品。图五两锭“天琛”墨，一锭是本色，另一锭则为雪金，由于墨是方柱型，因此四个面都有得看。

“天琛”指天然所产的珍宝，制墨家以此命名，说明他认为此产品巧夺天工，值得珍爱。这锭天琛墨是市售品，一般而言，市售品的销售期会延续多年，因此通常不写年号。因为若写上年号，以后每年在制新墨时，都要换掉刻有年号那一面的模子，徒增麻烦。但这锭墨却注记了“乾隆壬子年造”，虽不知背后的特别原因，但可相信它在曹素功的心目中还蛮突出的。

壬子年是乾隆五十七年（1792），也就是乾隆派大将福康安、海兰察率军抵抗尼泊尔入侵西藏的那年。这是乾隆第十次用兵获胜，他因此自称“十全老人”，非常得意。福康安和海兰察在之前的1788年，曾率军到台湾来平定林爽文之乱，两人搭档征伐从东海到西陲，看来还真有一套。

图五　天琛墨

正面墨名下钤圆印“曹素功氏”，方印“万古超今”；
背面镂双螭拱“艺粟斋”；两侧分写“乾隆壬子年造”及“五石顶烟”。
10.4×1.6×1.6 厘米，50 克。

天膏：似药非药

除了寥天一和天琛，加个天字来彰显其身价的墨，还有一锭“天膏”（图六），听起来像是中药。事实上，中药里确实是有一剂叫“霞天膏”的，它以黄牛肉熬汁成膏，号称可治陈痼积痰。墨里面也另有以“天膏”为名的药墨，不过眼前这锭天膏墨应是纯供书写用。墨以“天膏”为名，早在明朝就已出现，万历年间的叶玄卿就曾制过。

图六这锭产于清朝时期，它是徽州名家汪近圣，依古易水制墨法所制。采用桐油烟，烟质看起来比上面几锭差些，原始制品应该较好。它的铭文仍然像充满绕口令式的玄机，“玄之又玄”这个词再度出现，想来是寄希望于能因此激发读书人的想象，提高他们购买的热情。

神品：靠它考取功名

天上有神仙，神仙想必也要写字，那他所用的墨，该叫神墨对不对？地上的墨，如果自认质量跟神墨一样好，该叫什么？总不能也叫神墨吧！叫“神品”好吗？图七里有锭神品墨，看看它是否名副其实。

这锭“神品”，与前面的第二锭“苍璧”一样，是由与汪近圣齐名的汪节庵所制。为了多强调墨的神性，在正面墨名之下，加上太极八卦图；并在背面的顶端，镂上卧着似绵羊的怪兽。墨不算特殊，但上面的图案和铭文可真了不起，因为整个华夏文明的精髓：太极、河图、八卦、羲皇（伏羲）、乾坤、大道、天人等等，都一个不漏地画了上去。背面最后一句话的意思是：用这锭墨来写文章，就可以靠它考上功名（“佳剂品题处，抡元即此神”）。这说明了它之所以要纳入那么多古文明的元素，乃是让它像个真

图六　天膏墨

正面墨名，下写“徽城汪近圣按易水法制”；背面“烟而烟烟而非烟玄而玄玄之又玄以为膏也鲜以为墨也妍以为传也仙是以系之曰天徽城汪近圣监制”，印“汪”“近圣”；侧“汪近圣制”；顶“桐油烟”。

9.8×2.3×1.0 厘米，34 克。

图七　神品墨

正面墨名，下有太极八卦图；背面“先天有太极河图泄其真八卦羲皇立乾坤变化呈文章包宇宙大道透天人佳剂品题处抡元即此神”；侧写“歙汪节庵造”；顶端“油烟”。

9.8×2×1.1 厘米，34 克。

正的神品，从而对使用者产生加持，借此吸引学子的注意从而增加购买量。

良玉精金：珍贵如玉似金

华夏文明对玉的珍爱，在众多古文明里，可说独一无二，不过这并不妨碍对稀有金属的重视。如同其他文明，华夏文明对金子也同样珍爱，因此出现了许多含金带玉的名词，随手拈来有：金玉满堂、金玉良缘、金玉之声、金枝玉叶……既然金和玉如此珍贵，那么好墨自然也免不了以它们为名。

图八所现的良玉精金墨，就是一例。墨面漆衣如玉，又配以雪金，恰好与名字相符，显见用心。

这锭墨的菊花瓶图，是当时 60 岁的胡国宾先生于上海（申江）所画。事实上，制作这整锭墨的墨模上的印版雕刻，也是他刻的。他是胡开文家族的一份子，从小就进入雕刻墨印的行业，且毕生投入无悔。最初他只帮胡开文墨肆雕刻，成名后也帮曹素功及其他墨肆雕刻过。由于他长期寄居上海，使得他能借雕刻的机会，结交上海许多为墨作书画的名家，如任伯年、曹肖石、钱慧安及胡公寿等。他除了雕刻外，还能书画，想必与此有关。

胡国宾还有个传奇，他曾为他的老乡胡适雕刻过。1917 年胡适获哥伦比亚大学博士学位后，到北京大学任教，随后回家乡徽州绩溪结婚。老家为他准备的新房里有十二扇落地隔扇门，上面满是阴刻的兰草，气韵生动、格调清雅，落款的正是胡国宾。胡适几年后所作的诗歌《希望》，第一节起始有“我从山中来，带着兰花草。种在小园中，希望花开好……”很可能就有胡国宾所雕兰花的影子。

没想到胡适的小诗在他逝世多年后，竟被引用谱出校园名歌《兰花

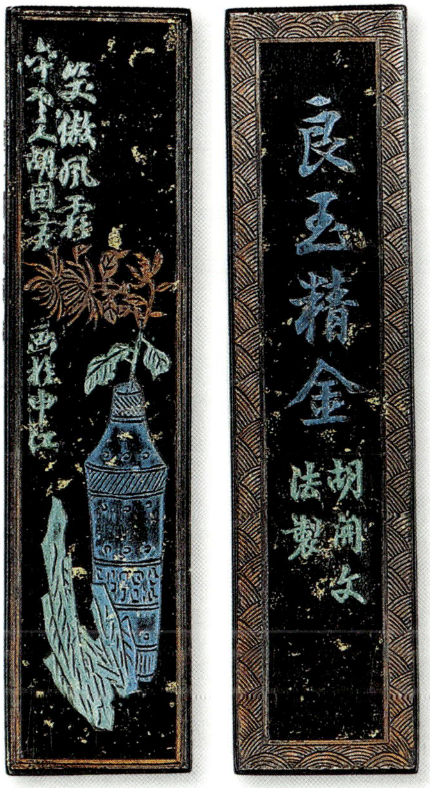

图八　良玉精金墨

正面波浪纹边框，墨名下写“胡开文法制”；背面镌菊花插长瓶内，
左写“笑傲风霜六十老人胡国宾画于申江”；侧边“查二妙堂友记”；顶端“超漆烟”。
9.5×2.4×0.9 厘米，30 克。

草》，由银霞唱红，风靡海内外。但胡适子孙想必没分到任何版税，胡国宾更是无人闻问了。

比金子还贵的墨

制墨名家对自家好墨的自豪，可用程君房的一句话来总结。他曾说："我墨百年，可化黄金"，这可不是他极端自负，因为当时的大书画家董其昌曾为他背书说："百年之后，无君房而有君房之墨；千年之后，无君房之墨而有君房之名。"如今虽然用墨的人越来越少，但对古墨的珍视，却与日俱增。君房之墨，君房之名，都会永垂不朽。

2007 年 7 月在上海的一场拍卖会里，程君房有一锭比较不出名的小作品"赤水珠"，呈十二弧圆形，直径超过 7 厘米，竟拍卖出 45,000 元的高价，的确比金子还贵。他的话，可一点也没说错。

第五章

只给皇上用的墨

——御制

5

Chapter

明代以前的政府体制，跟欧洲多国在君主立宪制以前的体制相近。皇帝是国家元首，宰相像内阁总理。记不记得诸葛亮在《出师表》里虽对后主刘禅说，皇宫和相府都是一体，赏罚褒贬不应有差别（宫中府中，俱为一体，陟罚臧否，不宜异同），但字里行间却透露出，两者在某种程度上是相对抗衡的。

然而到了明朝，朱元璋这位出身小和尚的乞丐皇帝，对宰相总不放心，干脆废掉由他来身兼二职，这可是真正的专制独裁。但是皇帝一个人搞不定那一大票满腹经纶的大臣，再加上天天跟他们虚耗，哪有时间享乐？这样当皇帝还有什么乐趣？于是明朝中期以后的皇帝，干脆重用身边宫廷体系内的太监、锦衣卫等不学无术的人，成立了特务机构——东厂、西厂、内厂等，来对付百官臣僚。太监与大臣们整日斗来斗去，却不知斗到最后，便宜了清朝。

因此，明朝皇宫里的日常事务跟对外采买，都是由太监主持，免得大臣啰唆，像皇帝书写用的墨，就有专职的工匠来制作。据说早在唐明皇时代就设有“墨务官”，来帮朝廷制墨，但似乎不归太监管，尔后南唐制墨名家李廷珪子孙三代都当过这个官，他们有一款墨名为“供御香墨”，应该是供李后主专用。

皇上用墨，七十七人服务

除了墨务官，宫廷内还有多少工匠帮忙制墨？以明朝为例，在太监主管下，墨匠人数膨胀得吓人，想必是人多好浮报烂账。当时宫内制墨，是由赫赫有名的司礼监主掌，司礼监本是负责皇帝的文书、印玺、宫内礼仪等的，但因皇帝号令百官天下，都经他手，使得他的地位与权力凌驾于其他太监机构之上，并且足以和内阁首辅匹敌，碰到昏庸的皇帝，权力甚至超过首辅。有名的权宦如王振、刘瑾、冯保、魏忠贤等，都做过司礼监的头头，制墨的人在他们庇荫之下，哪会少得了偷鸡摸狗，吃香喝辣呢？

司礼监既管皇帝文书，也得负责皇帝要臣下看的书，因此其下设“经厂”，方便印刷皇帝令颁的书，这导致它有理由多用工匠。明嘉靖十年（1531）曾清查过宫廷内的工匠人数，确定在职有一万两千多人。其中司礼监占比近13%，将近一千六百人，而在经厂内负责笺纸、裱背、摺配、刷印、黑墨、笔、画、刊字等工匠就占了八成，用了将近一千三百人。想到这是个近五百年前的印刷厂，分工之细，实在是世界印刷史的奇迹，只是衡量它的效率，跟民间印刷厂相比，说不定也是负面的奇迹！

当时经厂里的黑墨匠有七十七人，规模惊人。黑墨匠原是制墨来供印书时使用的，但既然皇帝的书写用墨也是司礼监负责，干脆就近让黑墨匠多做一些。只是印书的墨可以即做即用，不需要取名字；给皇帝用的可不成，该有个专用有力的名词，好体现皇帝的天威。

“御墨”一词，似乎最早出现在明朝宣德年（1426—1435）制的“龙香御墨”（图一），猜想是因当时的司礼监正开始要露脸，才把简洁的“御墨”两字，专用在给皇帝的墨上！太监的善于逢迎拍马，绝不含糊。

那么多的专职墨匠，每年该制了不少御墨，留存到现代的该有很多吧？

抱歉，很少！原来到明朝后期，皇帝怠惰，以致用墨不多，墨匠当然跟着偷懒。其后又经历李自成大军的洗劫和放火烧皇宫，以及乾隆时曾把宫内的破损明墨捣碎，重新和剂做成所谓的再和墨，都造成明代御墨的浩劫。现今北京故宫的藏墨超过五万三千件，但明朝御墨恐怕不足百件。

到了清朝，皇帝勇于任事，康熙在内务府（大内总管）下设御书处，延续管印书和制墨，开启了清朝御墨制作和收藏的辉煌岁月。

图一　宣德元年制龙香御墨

13×4.6×1.2 厘米，82 克。

大内制墨也有 SOP

帮皇帝制墨，可不是随随便便就能交差的。如果皇帝写字时运笔不顺，写出来的字不漂亮，要找借口都可归责于墨不好，火大之余很可能就有人头要落地。因此为求自保，制墨的工匠很早就推出皇家制墨的标准制作程序（SOP）——《内务府墨作则例》。按照这份经过内务府长官核准的 SOP 来制墨，出了问题，大家一起扛。

这本 SOP 文字简洁，总共不到两千字，内容分两章：

1. 墨作章：叙述制墨前的准备工作，规范墨作这个小部门的组织编制为十六人；执掌是专负责制造独草墨、三草墨、朱砂墨，熏、漂朱等，随交随办；并规定制墨时，要到内务府的哪些部门（库房）去领取所需各项原材料和工具。

2. 做墨定例章：说明在制作各种墨时，各自所需的原料、配料、用量、使用工具和消耗品的品项用量、所制出的半成品及最后成品的产量等，最后再就破裂墨的收拾黏补，以及墨模的制作等，加以补充叙述。

譬如在制作独草墨时，SOP 就规定：

熏（取）烟：用桐油四百斤、猪油二百斤、烟草二斤（燃灯草用）、苏木三斤（煤桐油用）、生七二斤（煤猪油用）、紫草二斤，这样做，一斤油可得到三钱的烟粉（炱），所以总共可得到一百八十两重的烟粉。

用胶：广胶十斤，炮制三次，熬水炖胶用白檀香十二两、排草八两、零陵香八两、滤胶用棉子一两、过胶用白粗布一丈，如此每斤广胶可得到净胶十二两，共可得到净胶一百二十两。

合墨：用金箔六百张、熊胆四两、冰片十两、麝香五两、糯米十五斤、熬水炖胶蒸墨用煤八百斤、炭二百四十斤、收拾做细用的锉草一斤，可得到三百两的墨；不过在修整过程中会有耗损，最后实际可得墨二百八十五两。

这份 SOP 清楚地列举所用的各式原料，施工用的辅助材料，以及各料的分量。更有意思的是，它还把半成品及最后成品该有的产量，也标示出来，以利杜绝暗扣，便于控管。

若进一步细读内文，可看出这份 SOP 有不少务实之处：

规范墨作组织精简分明：才十六人，比明朝时的黑墨匠七十七人少太多，而每个人的职掌都明确列出。

工料分离：负责做墨的，不经管原材料和消耗品。

说明清楚：制墨种类虽多，各类墨用的原料也大同小异，但仍各自说明清楚，不加省略，避免混淆错乱。

此外，不止做新墨，也兼维修旧墨和制作墨模。

再者，还可看出这份 SOP 经过几次更新。它在乾隆七年三月前的旧版，涵盖面小；之后增添《乾隆七年三月照南匠徽墨法做独草墨》；接着又有新增，及后续更多的加入。即使更新的频率不如现代，也反映出当时已有的先进观念。

大内高手按照 SOP 做出来的墨，是什么样子？会不会贵气逼人？

这锭清楚标明为内务府制的御墨（图二），是康熙二十四年（1685），清朝首次战胜沙皇俄军，攻下雅克萨城的大振国威年所制。它规矩方正，除了两面都有的螭（没有角的龙）纹边框外，没有别的装扮修饰，丝毫不铺陈夸张，想必很投康熙皇帝崇尚俭朴、不务浮华的个性，墨匠也因此可稍微轻松些，不用花心思去过度雕琢，也不必缤纷五彩地装饰成墨。

相同风格的还有御制“宝翰凝香”墨（图三），墨的正背面都有比较宽的内框，框内的纹饰用几何纹，墨的两面细边框和中间开光处都上漆，但在顶、底、侧边则维持净素本色，这种形式在乾隆年间颇为常见。

快雪堂在北京的北海公园，是稀有的楠木大殿。当年乾隆皇帝得到元代书法家赵孟頫临摹王羲之的《快雪时晴帖》石刻后，特别取书帖中“快

图二　康熙乙丑年内务府监制御墨

正面“御墨”下，印“天府永藏”；背写“康熙乙丑年内务府监制”。
22×6.4×2.3 厘米，488 克。

图三 御制宝翰凝香墨

正面横书“御制”，下写墨名，印“快雪堂制”；背面“乾隆辛酉快雪堂制”。
12.5×3.2×1 厘米，60 克。

雪”两字来题写殿名，并将得到的石刻镶嵌在殿内东西两廊内壁上。去北京旅游时，可别忘了到此小歇，帮自己添些文化气息。

因循制墨，缺乏变化

在大内当差制墨，只要皇帝不挑剔，不只是制墨的方法要遵照SOP，连墨的样式也只需要几个样，翻来覆去照着做即可。当然，上面的皇帝名号跟纪年可得注意随时代更换，否则脑袋还是有危险。

图四这锭御墨，乍看之下，很像图二的墨。但其实是内务府分别帮康熙皇帝和乾隆皇帝制作的同款式御墨。之间些许的差别在：图四的墨较大，四个边角内缩，并且注意到把康熙两字换为乾隆，仅此而已。

乾隆幼年获得康熙宠爱，被接入宫中抚养，这在康熙的近百个孙子中是得天独厚的。而他之前，也只有康熙的太子有过这种“待遇”。康熙最后废掉太子而让乾隆的父亲雍正继承，有野史说是帮这位宝贝皇孙铺路，因此乾隆一生视康熙为偶像。内务府看准了推出此墨来博他欢心，既省事不花脑筋，又可帮忙慎终追远一番，可见他们阿谀奉承的功力。

食髓知味，同样的事在道光年间再度发生。图五的“御用文焕斋摹古宝墨”是椭圆柱形，样式是从康熙年就设定好的。康熙年间的墨，两面分别题上“御用渊鉴斋摹古宝墨”及“云汉为章大清康熙年制”；隔代的乾隆朝也跟进有“御用淳化轩摹古宝墨”及“云汉为章大清乾隆年制”字样。

道光年的这锭墨继续遵古法炮制，另一面同样是“云汉为章大清道光年制”，云汉是银河、天河的意思。《诗经·大雅》有句话：“倬彼云汉，为章于天。”本义是说：广大的银河，是天上华丽的文采。后来引申为：皇帝的文章写得像天上的银河一样，辉煌灿烂。虽然肉麻但皇帝爱听，大臣爱讲，千穿万穿，总是马屁不穿。

图四　乾隆乙丑年内务府监制御墨

和图二同款式，只是尺寸略大，且四角内缩。

图五　御用文焕斋摹古宝墨

椭圆柱形，正面墨名，背写“云汉为章大清道光年制”。
11.5 × 2.7 × 1.4 厘米，62 克。

至于墨上的“御制”和“御用”字样，与先前的“御墨”有何区别？据说御制和御用，除非另有标注，百分之百是大内所制，而且标示“御用”的，只有皇帝能用。至于其他冠上“御墨”二字的，则有很多是内务府委外的产品。只是堂堂大内制墨，为何需要委外？

徽墨进京，大内制墨出新意

从前面几锭墨的样式可知，由于大内制墨原来是搭配宫中的经书印刷，以致习惯把墨做得方正规矩，题字也俨然跟印书一样。加上长期缺乏切磋砥砺竞争，故而因循守旧，日渐怠惰，照着SOP而食古不化。这在自命不凡的乾隆皇帝上台后，哪会满意？尤其他又常收到大臣进贡的徽墨，款式新颖墨色光鲜。相较之下，令他对这些吃皇粮的越看越火。但人家可是遵照核定过的SOP制作的，没功劳也有苦劳，杀他们也解决不了问题，只会凸显自己气量小。怎么办？

于是乾隆六年（1741），徽墨名家汪近圣的次子汪惟高和另一位伙伴应诏入宫，开始对宫内墨匠展开“在职训练”，教习制墨三年。起初当然免不了受到白眼排挤，但名家一出手，便知有没有。从此大内制墨脱胎换骨，多有佳作。感恩之余，才在SOP里记上“乾隆七年三月照南匠徽墨法做独草墨”一笔。只是徽墨法到底给大内制墨带来哪些改变？是质量变好？还是外观亮眼？

从SOP可知，在制作独草墨时，徽墨法跟大内的用料几乎相同，只在个别分量上小有差别。如广胶、麝香、冰片的用量多，而熊胆的用量较少等。但在徽墨法中特别标明：用玉泉山水，可见水质的纯净对墨的影响。

这些固然有助改善墨的质量，但真正让徽墨在大内露脸的，是其打破单调枯燥的形制，带来富丽堂皇和璀璨风华。徽墨进京后，御墨开始出现山水、

图六　赤壁图御墨

正面额珠，下横写“御墨”，再下墨名，印“掬水月在手”；
背镂赤壁赋情景；侧“大清乾隆年制”。
11×2.8×1 厘米，52 克。

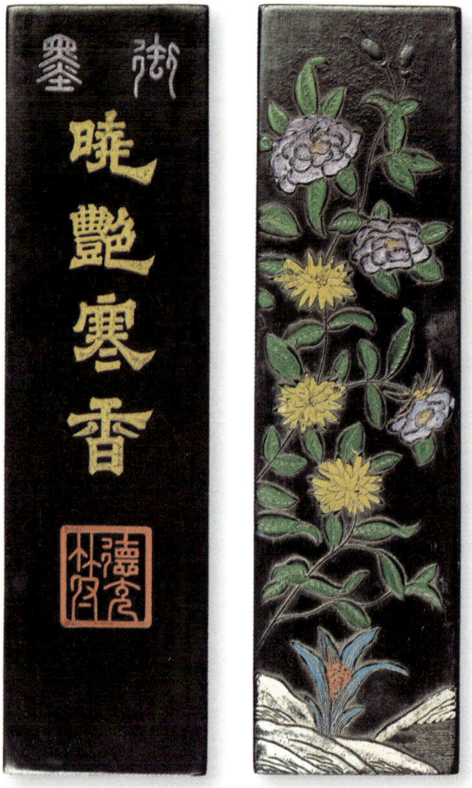

图七　晓艳寒香御墨

正面横书“御墨”，下“晓艳寒香”，印“德充符”；背镂花卉；
侧“大清乾隆年制”。
19.5×5.3×1.8 厘米，288 克。

花朵等图案，形制变得多样化，用色也变得活泼，呈现迥然不同的风格。

例如，乾隆年间制的赤壁图御墨（图六），背刻一叶扁舟泛江，船夫撑篙，二人座谈甚欢。水波不兴，山壁环列，恰如苏东坡《赤壁赋》内的情景。墨身光黝，纹理细致，触手滑润，富丽而不失高贵，光鲜中流露品味。

同是乾隆年所制作的“晓艳寒香”御墨（图七），也有相同的改变，墨名以隶书书写，背面花叶繁茂，色彩缤纷，所画像是芙蓉、菊花以及下方石蒜类的花朵。它的尺寸较故宫所藏的同名同型墨大，有可能是后代仿制。

从这两锭墨来看，经过徽墨法调教的大内制墨，跳出了旧有框架。书体上，不再是唯一楷书；题材上，日趋多元；图案上，雕刻灵巧用色开放。民间的活力生机，就像一阵春风，但春风吹过，究竟能留下多少痕迹？守旧的大内，睁开眼皮后，是醒过来还是再度好眠？

落日无余晖

徽墨进京纵使带来新意，但大内制墨毕竟如圈养的牛马，养尊处优，跑不快也跑不久，乾隆之后就少有佳作而逐渐淡出。从同治到宣统年间，能见的内务府制墨，出现在李正平的《明清古墨研赏》书内：其中同治年间的十二瓣南瓜形御墨，与宣统年间的横长方形的“赠花曲”，特殊造型和内容彩饰都充满了浓浓的喜庆味道，是在徽墨的礼品墨中所常见到的，说明了它们应该是内务府委外的产品。

想来大内制墨也自知无法媲美徽墨，只要皇帝不要求，还是藏拙点好。再说，发包给徽州墨肆，既轻松又可以打官腔，还可能有回扣，何乐而不为？安逸的环境加上僵硬的体制，怎么会有持续的创新动力和竞争力？

辛亥革命后，整个清廷都下台一鞠躬，长达千余年的大内制墨也跟着进入历史。随后更令人遗憾的是，书写工具快速扬弃毛笔，整个制墨行业

图八　内殿轻煤御墨

通体漆衣叶形，正面中棱线两侧有云气纹，背面墨色油亮。

9.6×2.7×0.9 厘米，32 克。

一再衰退，如今只有走书画专业利基市场的制墨才能存活。国粹工艺，不重视研发与时俱进，不讲求效率拓展营销，即使如御墨般受保护，也无法抵挡时代潮流而不被淘汰！

最后来个小小的猜谜游戏。请看这锭小巧喜人的御墨（图八），它背面有“内殿轻煤”四字，说明是用大内上好的烟粉所制。正面中间凹下棱线的两侧，镂有细密云气纹。整体设计不俗，简洁有力中流露出昂然高贵、孤芳自赏的气息。然而它没提供何时制造的信息，猜猜看这是何时造的？

有个线索，就是它有个姐妹品，形制相同，差别仅在该墨的“内殿轻煤”四个字下面，多了两行字“大清乾隆年　长春园精造”[①]。所以可确定该姐妹品是乾隆年间所制。但是没写制作年份的这锭是在姐妹品之前，还是之后所制的呢？

也有报道说它是康熙年制的，猜想会做此判断，是因它那已标注为乾隆年制的姐妹品，显然是模仿这锭墨而造。因此本墨只有可能是康熙或雍正年所制，然而雍正当皇帝仅十三年，且极少见有雍正年号的墨，故合理的推论，此墨是康熙年所制。

---

① 长春园是圆明园的附园，由乾隆皇帝下令修建。他建此园的目的，是准备在他归政当太上皇以后，于此颐养天年。园中有组俗称西洋楼的欧式建筑，是由欧洲传教士蒋友仁、郎世宁等设计监造。前几年风靡国际拍卖市场的十二铜兽首（鼠牛虎兔……），就是来自西洋楼中海晏堂前的水力钟。不幸的是，全园在1860年英法联军入侵北京、火烧圆明园时被毁。

第六章

6 Chapter

好产品不怕被模仿

——思齐

孔子说："见贤思齐，见不贤而内自省。"意思是：看到比自己好的，要跟他学习，希望跟他一样好；而看到不如自己的，也要自我反省，是否跟他一样有待改进之处。这是非常好的修身之道。

在制墨这个行业里，似乎就流行这种见贤思齐的做法。因为不少制墨者，为了要学习（或沾光攀附）其他成名的墨肆，于是把自己的店名取成相似的。乍看之下，有鱼目混珠的效果。这在现代可是会引起商标纠纷的，但在清朝，没有相关的法律规范，社会舆情也能接受。大家在乎的是，这些想沾光攀附或是想见贤思齐的墨够不够好，有没有坏了被学习者的名声？

被沾光的墨肆，以曹素功和胡开文两家为主，而胡开文的追随者尤其多。这未必是胡开文墨在当年的市占率较高或质量较好。因为当年只有口碑，可没人做市场调查。有个可能是：在制墨业里，姓胡的比姓曹的多，因此以胡开文作命名榜样，顺理成章。

既然追随者众多，我们得先对曹素功和胡开文有点认识，看他们为什么会变成别人想沾光、学习的老大哥。

曹素功：墨中闪耀紫玉光
胡开文：锋头崭露国际化

曹素功，徽州歙县人，本名圣臣，素功是他名号之一，常用在所制墨上，因此也变成他的墨肆名。其实他的店有个名字叫"艺粟斋"。

生于明朝末年的他，是清朝顺治年间的秀才，因成绩优异，到北京的国子监读书，具备"贡生"资格。然而当时清军入主中原为时不久，官场十分难为，他只好返乡以制墨为业。由于他在配方、造型跟质量上很讲究，使得做出来的墨广受好评。康熙皇帝到江南巡视时，他献上一套集锦墨，康熙使用后发现写的字泛出紫色光芒，非常高兴，于是赐名该墨为“紫玉光”，令他声名大噪。而他家的墨业代代相传，直到 20 世纪 50 年代，绵延约三百年。由他所制的两锭不同造型“青麟髓”墨（图一），可看出形制典雅，做工精细，用料讲究，充分显示出名家风范。

至于胡开文，实际上是招牌名。创办人胡天注（另传原名胡正），是徽州绩溪人。乾隆年间原在他人墨肆当学徒，因工作勤奋被老板看上招为女婿，继而接管老店，改名“苍珮室”。据说他在看到南京科举考场内高悬的匾额时，因上面写着大字“天开文运”，灵机一动，就取用其中“开文”两字当招牌，果然对读书人的胃口，很快就打响名号。

胡开文有灵敏的商业头脑，注意市场区隔、产品系列完整。高中低档货，成套和单独的，以及贡墨、赏玩墨、礼品墨、文人用墨、市墨等，都面面俱到，从而打下扎实根基。此外他子孙众多，陆续在长江中下游多处，乃至杭州、长沙、广州等地开设据点。1915 年，还以地球墨参加在旧金山举办的巴拿马万国博览会，获得金质奖，更增光彩。

试看这锭“紫玉光”墨（图二），标注有“徽州老胡开文”的名号，是胡开文最早成立的店所制。然而前面说过，“紫玉光”这个墨名是康熙皇帝赐给曹素功的。现在胡开文也拿来用，是不是想沾光攀附曹素功呢？

当然，以胡开文是制墨晚辈的身份而言，这种心态的可能性纵使很小，也不容排除。不过当时制墨业的行规是，只要所制墨的图案设计不同，而且诚实标注制作者名号，则用与他家之墨相同的名称，是可容许的。胡开文这锭紫玉光墨的图案丰富生动，有祥云蝙蝠，金光闪闪，民俗味十足，充分展现出与前面的曹素功墨相异的风格。

以曹素功从康熙年间就已建立名声来看，有心学习它的墨肆应该不少。但在藏墨家周绍良的《清墨谈丛》书中，仅有曹圣功、曹懋功、曹素文几家相近的名号，并不算多。猜想或许是有些小墨肆存活时间不长，产品不多，因此没留下记录。

图一　曹素功青麟髓墨

左墨椭圆柱形雪金，背写“康熙丁未艺粟斋主人曹素功墨”。

10.2×1.8×1 厘米，26 克。

右墨正面额端镂团龙，背面椭圆金圈内写“古歙曹素功仿易水法墨”。

11.7×0.8×0.9 厘米，40 克。

图二　胡开文制紫玉光墨

圆柱形，正面墨名，底饰祥云蝙蝠，背写“徽州老胡开文”。
长 20 厘米，直径 4 厘米，重 390 克。

而想借助胡开文的墨肆就多了。想来一方面是因胡开文成名较晚，后继者比较接近现代；另一方面，姓胡的宗族后代人数多，都希望获得胡开文的庇荫。于是看得到的相近名号就有：胡开沅、胡开益、胡开明、胡学文、胡同文、胡秀文、胡正文、胡咏文、胡元文等等，可介绍的当然比较多一些。

曹素文：用心的学习者

首先来看这位名字很像曹素功的曹素文所制的“灋（法）纶”墨（图三）。呈椭圆柱形，正面以草书写的墨名，苍劲有力，上下各有一螭，神态自然威猛，色古香带冰裂纹，是锭不错的墨。

这锭墨上有个非常少见的“灋”字，它的发音和意思都跟“法”一样，是个古字。而组成“灋”字部分的“廌（zhì）”，是远古传说中有角的神兽，据说能分辨出对错曲直。因此远古在审理案件时，若是案件错综复杂审不清楚，就得把这只神兽请出来。它会用角顶出罪犯，让他无所遁形。现代，许多法院的门口还立有廌的石雕（常被误雕成狮子），象征法律会像它一样判定曲直。“法”“纶”两字在一起，代表法治的意思。由此可推测这锭墨大概是民国初期军阀动乱，法治不明时所产制。

曹素文是曹素功的弟弟吗？

看起来很像，但想来不是。有网络资料说他是曹素功以降的第八代子孙，道光、咸丰年间的人，但以当时人凡事注重避祖先名讳的习性看，这种可能性极低。另外在网络上还可看到，有清乾隆年徽州曹素文制的“千秋光”墨。各种兜不拢的说辞，使我们猜想他是个见贤思齐者，应该不离谱。

图三　曹素文制法纶墨

正面墨名，背写“徽州曹素文造”，上下各镂一螭。

13.4×2.5×1.8 厘米，78 克。

曹圣文：精致有规矩

看到这个名字，可能会说："他跟曹素功只有姓相同，怎能就此下结论，说他想占曹素功便宜呢？"这话有理。总不能说任何姓曹的制墨者，都是别有居心的吧！

然而别忘了在前面介绍曹素功时，曾指出素功是他的号，而他的本名叫圣臣。换句话说，曹素功就是曹圣臣。从这点看，说曹圣文有见贤思齐的心态，就不是无中生有了吧？

现存曹圣文的墨还不少，这锭卦墨（图四）的造型中规中矩，正面上端用线条编成"曹"字，墨名和八卦图案则涂上金色，相当用心。

曹素文和曹圣文这两位学习曹素功所制作的墨，都还可取，没给曹素功漏气。无缘的是，还没找到另外两位同好——曹圣功和曹懋功墨肆的产品，有点遗憾。

胡开明：产品线多元

胡开文的创始者胡天注一族，是徽州绩溪上庄的望族，提倡白话文的胡适先生，也是当地人。绩溪的农业环境不佳，使得多数乡人都得出外谋生。胡开文墨肆起初成立时就设在休宁，而非绩溪。他的同族后辈在光绪年间成立胡开明墨肆时，也是远到浦口（现属南京）开店，之后传了三代。

胡开明的产品不少，手边有他的龙门墨、书画墨、九霄雨露墨、天然如意墨、教育墨、胜利墨等，都是市售品，墨质大多普通。由于少见文人找他订制的墨，似乎意味着他的墨肆规模较小，不受青睐。

倒是这锭雪金"兰烟"墨（图五），可能是胡开明的精品。呈椭圆柱

图四　曹圣文制卦墨

正面上端“曹”字，下方墨名及八卦图，再下“同治辛未仿唐人法制”；
背写“徽州曹圣文监制”；侧“新安苍一室墨品”；顶“五石顶烟”。
10.8×2.5×1.2 厘米，46 克。

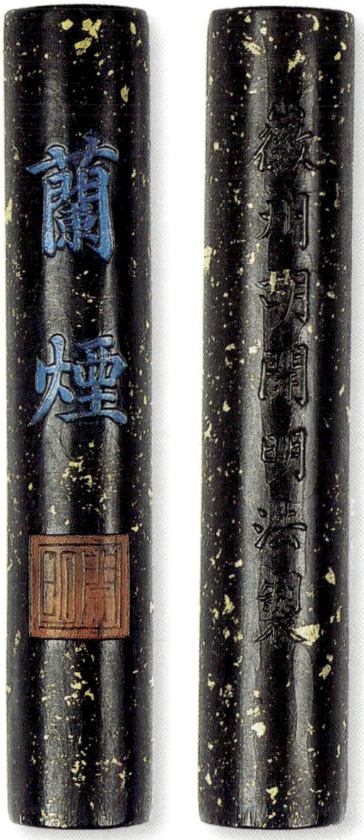

图五　胡开明制兰烟墨

正面墨名，印“开明”；背面“徽州胡开明法制”；顶端“文琳氏墨“。

12.4×1.2×0.9 厘米，60 克。

形，从色泽光润、烟质胶合各方面来看，颇有可观。

“兰烟”之名来自古诗词，表示芳香的烟气[①]，猜想胡开明在制作此墨时，里面掺了些特别香料，因此取这个名字。只是时隔多年，现在已经闻不出来了。

胡秀文：以规模见长

以“兰烟”作为墨的名字，胡开明并不是首创者。事实上曹素功和胡开文等多位名家，早就有这个名字的产品，胡开文的其他思齐者当然也不落后。譬如这锭胡秀文的兰烟墨（图六），是圆柱形，比图五里的要更高更大。它质量不差，光润黑黝，值得收藏鉴赏。

由文字和印章可知，这锭墨是一家叫胡竹溪的文具店，委托胡秀文墨肆制作的，而胡秀文墨肆此时已传到下一代的沛苍氏。以产品来看，胡秀文墨肆的规模可能比胡开明的墨肆大些。

胡学文：质量、设计大有可观

胡开文在乾隆中晚期自立门户后，逐渐打响名号，而第一位有心学习者，可能就是胡学文。因为在周绍良的《清墨谈丛》书中，列有胡学文在嘉庆九年（1804）所制的墨，当时胡开文墨肆的创始人胡天注还没过世呢！

胡学文的墨极受好评，许多文人都委托其墨肆制作冠有自己名号的墨。

---

① 宋柳永的《长相思》里有“画鼓喧街，兰烟满市，皎月初照”的句子。

图六　胡秀文制兰烟墨

正面墨名，印“胡秀文制”；背写“京都胡竹溪法制”；顶端“沛苍氏”。

高 16.4 厘米，直径 3.2 厘米，重 200 克。

图七　胡学文制湛华堂主人珍赏墨

两面宽边框内有回纹饰，正面墨名，背面额珠下写“一品元霜”“己巳仲春恬生研畬同选”，
侧边“古歙胡学文监制”，顶端“五石顶烟”。
10.9×2.7×1.1 厘米，50 克。

有锭在道光年制的竞秀草堂藏烟（一品元霜）墨，无论在质量上，还是在图案、设计上，都亮人耳目。再看一锭湛华堂主人珍赏墨（图七），不仅造型典雅，而且烟粉细密、胶质纯清，令人把玩再三，不忍释手。

墨上面的文字显示，这是恬生和研畬两位赠送给湛华堂主人的墨。标记的己巳年，是嘉庆十四年（1809）或同治八年（1869），现在很难查出湛华堂主人、恬生和研畬是谁，不过这锭墨还有个姐妹品，在其他书上及网络上可以找到，是胡开文制作的。形制相仿且正反面文字完全相同，有意思吧？

据说湛华堂的主人是乾隆时的举人袁谷芳，恬生则是道光年的举人陈瑑，此墨制于嘉庆十四年（1809）。然而乾隆之后是嘉庆，再之后才是道光，如此一来，就是道光年的举人陈瑑，在嘉庆年订制此墨，好送给乾隆年的举人袁谷芳。换句话说，也就是孙子辈的，在父亲辈的时代，为祖父辈的来订制墨。这可能吗？看来还需要更深入的考证。

胡萃文：懂得投市场喜好

胡萃文这家墨肆不知何时成立，有书上提到在1935时，它是徽州歙县仍在经营的少数墨店之一。所产的墨不多见，猜想可能是因规模不大，产品有限，且大多是消耗品，缺乏传世精品。

倒是有锭大富贵亦寿考墨（图八），值得一看。墨做成文镇（或书镇）的样子，体型大且重。墨质普通，工也不够精细，好在它原来就不是供书画用的，不需讲究。胡萃文这锭墨可说俗气，标榜富贵寿考、文武双全来招徕顾客。使得它适用的年龄层广，又投人所好。换句话说，这个墨肆的产品风格是不曲高和寡，也不含蓄做作，单纯小本经营的样子。这大概也是它在许多墨肆都已关门的1935年还存在的原因。

图八　胡萃文制大富贵亦寿考墨

正面镌金色火珠红莲于浮云上，下写“大富贵亦寿考”，印“仿易水法造”；
背镂红牡丹绿叶倚太湖石；一侧写“书万卷时披读际风檐赖镇肃”（指此文镇，可在读书遇风来捣乱时，镇肃住风），下题“胡萃文法造”，印“仿”与“古”；另侧上书“宝锷”，下镂宝剑（代表武）。
22.3×5.1×2.8 厘米，460 克。

胡同文：有模有样的老店

放在今日，一个新墨肆要以“胡同文”当作注册商标的话，通过的可能性微乎其微。因为乍看之下，与“胡开文”太像了。然而它却真正是个老店，而它的五百斤油墨（图九），看起来有模有样，不比胡开文的一些产品差。“五百斤油”，代表墨所用的烟极细极好。是指燃烧五百斤油后，只取最细的那一百两烟炱来制墨。

胡同文墨肆的创始者，也是徽州绩溪人，是胡天注的同族。它问世很早，嘉庆年间在绩溪上庄成立，是胡姓唯一开设在故乡的墨肆。之后迁到休宁屯溪。1928 年 4 月，土匪朱老五火烧屯溪时[①]，胡同文的店主临危不乱，指挥全店人员奋力救火，终能免遭大难，成为屯溪的少数幸存商店。1956 年，全国范围内实现了全行业公私合营，胡开文与胡同文等多家墨肆合并为“屯溪徽州胡开文墨厂”，才结束胡同文长达一百五十年的事业。

胡咏文：沾了光，还是不起眼

想沾光的制墨者多了，总有些会被淹没在时代潮流里。制作“江夏郑氏吏皖时制墨（不贪为宝）”（图十）的胡咏文，就是一例。他因在这锭墨的侧边留下名号，才不致湮灭。但有关他的身世来历、事迹产品等，却无法再多加说明。（第十章《来上公民课》里会简单提及此墨的教化功能。）

细看这锭墨，烟质工艺虽有模有样，但造型设计普通，边框纹饰不见

① 屯溪在土匪之乱后流传一首民谣：“民国十八年，土匪到祁门；清明前一日，土匪到屯溪。屯溪烧得光，先烧德厚昌；屯溪烧得穷，祸起汪仲容；屯溪烧得苦，碰着朱老五。”

图九　胡同文制五百斤油墨

正面墨名，背写“新安胡同文仿南唐李氏法造”，
一侧“集贤堂珍藏”，另侧“徽州胡同文造”。
8.8×2.3×1 厘米，34 克。

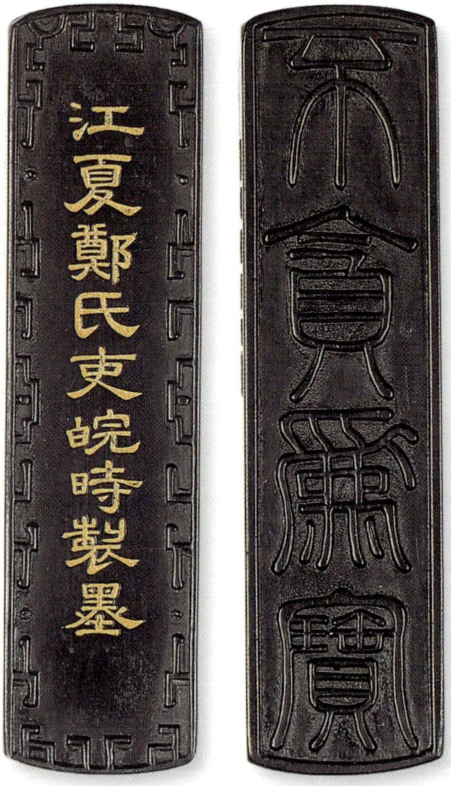

图十　胡咏文制江夏郑氏吏皖时制墨

正面墨名，背写“不贪为宝”，侧写“徽州胡咏文制”，顶“五石顶烟”。
9×2.3×1 厘米，34 克。

新意，镂刻配色乏善可陈。而订制墨的江夏（湖北）郑氏，当时在皖（安徽）担任公职，但似乎是掌理文书的吏，还不能称为官。人不见经传，恰好呼应胡咏文的不起眼与不见踪影。

胡正文：太平天国运动后应运而生

最后再看一位胡正文，我们对他所知也不多，有人猜测他的墨肆是同治年间成立的。因为从咸丰四年（1854）到同治四年（1865），太平天国时期太平军多次进出徽州，原有的墨肆遭受沉重打击，少有存活。于是太平天国运动失败后冒出许多小墨肆来满足市场需要，胡正文和前面谈到的胡秀文、胡萃文，乃至胡咏文，都有可能是这样应运而生的。

胡正文题铭的小品“龙纹双脊”墨（图十一），墨质普通，是集锦墨里的一份子，供把玩用。此墨的形状和名字，都取材于南唐制墨名家李廷珪所制同名墨。传说李廷珪的龙文双脊墨是上品，专供南唐后主李煜使用。胡正文此举，似有取巧之意，好在他也请过负盛名的墨模雕刻家胡国宾之子胡松涛来刻模制墨，透露出这个墨肆的规模不会太小。

谁来振臂高呼

这些想沾光攀附的墨肆，产品都有可观，看来在制墨这个古老的行业里，还真做到了孔子所希望的见贤思齐，这实在难能可贵。促成这种情况的原因想必很多，或许他们考虑到制墨是种文化事业，而且大部分墨肆经营者有同宗关系，加上同为徽商，才能订下层层无形规范，促使从业者循规蹈矩，爱护羽毛。徽商在过去之所以能称雄中国商场多年，从徽墨这些

图十一　胡正文制龙文双脊墨

双面云纹，镂见首不见尾之神龙，正面墨名，背“徽州胡正文按易水法制”。
6.4 × 2.9 × 1.1 厘米，22 克。

见贤思齐墨肆的产品可见端倪。徽州人对传统的执着，值得尊敬佩服。

这也无形中显现出，传统的乡土及宗族观念，在过去法律体系和行政规范不够完整的年代，对建立社会道德观念与维护社会秩序的贡献。如今我们台湾有各级警政、法院和检察机构，行政机关的编制和执行工具也比过去齐备，但为何社会乱象却不减反增？没别的原因，只是在西方文明强力进逼下，传统的乡土和宗族结构解体时，我们缺乏像西方社会拥有强而有力的组织来维系人心、提振道德，以致新的社会道德维护力量迟迟无法建立。此时靠学校教育能弥补吗？又有谁能跳出来振臂高呼，多鼓励大家见贤思齐？

汪仲容是当时徽州名士，被推为设在屯溪的休宁商会会长，家族经营德厚昌南货店，颇具规模。当时社会动荡，土匪四窜，他倡议成立武装商团，并自任团长以保卫家乡。朱老五率两百多人来袭时，曾经下帖召他做副司令，并威胁若不答应，就要洗劫屯溪。他当然不会听从，只是商团毫无经验，一交战就溃不成军，他潜藏逃过搜劫。朱老五迁怒他和屯溪的仕商不听命，先烧他家族的德厚昌南货店，随后四处纵火，只有胡同文墨肆因封火墙高，且沉着应对而幸免。

第七章

带点西洋味

——时髦

7

Chapter

量产规模制墨的历史，说它超过两千年，应该不夸张。因为东汉的记载显示，当时官府已有大小尺寸墨的库存，有管墨的官，有发放墨的规范，有采购墨的来源等[①]，如同现代各公私机构会发放文具给员工使用。因此可以肯定墨在支撑古代官府运作以及文化建设方面，早有贡献。

历史这么悠久，又深受社会中坚的文人所钟爱的墨，在西方文化东渐后，是否也受到了一些激荡？这些激荡，有没有迸发出火花？

翻开与墨相关的书并检视手边的墨，确实有些存有西风的印记，可见制墨这个行业并不完全保守。只可惜这些变化零零散散，没能形成风气，无法让制墨业在西方影响下，迸出新的力量，展示新的活力。

当程君房遇上利玛窦

最早接触西洋人并有反应的制墨家，该是明朝的程君房。因为在他的传世之作《程氏墨苑》里，收录了四幅天主教主题的“宝像图”铜版画。根据台湾师范大学研究所林丽江教授的考证[②]，其中三幅的来历虽还不清楚，第四幅则可确定是来自意大利耶稣会教士利玛窦（Matteo Ricci）所赠送的“天主”图（图一）。利玛窦还为前三幅“宝像图”附加上他以罗马拼音所做的注释，并另写文章记述程君房到北京去看他的经过。当时是万历三十三年（1605）腊月初一，程君房 65 岁。

《程氏墨苑》里的图样，本来都有相对应的墨。然而这四幅图在一般认知中，并没有被制成墨，十分可惜。好在找到他的另一锭九馆神龙墨（图二），上面的图绘似乎带有西洋风格。

① 记载汉代官秩执掌的《汉官仪》一书提到，每月赐给尚书郎一锭大墨、一锭小墨：“尚书郎起草，月赐隃麋（古地名，汉朝时当地产墨，因此变成墨的代名词）大墨一枚，隃麋小墨一枚。”

② 林丽江 . 徽州：书业与地域文化 [M]. 北京：中华书局，2010.13：121−197.

图一 《程氏墨苑》刊载的天主图

图二　九馆神龙墨

正面墨名，下镂似羊、顶有带环节长角的独角兽；
背写“神龙一角贲其首文采五色映北斗六飞毕升居尔后 守玄居士程大约赞”；
侧写“大明万历丙辰年程君房造”；顶端“五石顶烟”。
9×3.5×1.2 厘米，60 克。

墨侧面注明是万历四十四年（1616）所制。墨身上漆，坚挺黝黑且带光泽，颇为趁手。这锭墨的制作年份，比《程氏墨苑》出版时间晚，故来不及列入书中，但也可能是他儿子或后人的制品。耐人寻味的是，墨上这只记名为九馆神龙的独角兽，究竟是中国古代就已经流传的神兽，还是西洋风吹来的？

在西方传说中，独角兽（Unicorn）经常出现，代表高贵、高傲和纯洁。它通常被形容为修长的白马或羊，特征是额前那根带有螺旋的长角，特别具有魔力。传说因为是从独角上锉下来的粉末，所以可解百毒，甚至能起死回生。在《哈利波特》中，即曾多次提到独角兽。所以这锭九馆神龙墨上的独角兽，是不是受到西洋影响而画出来的呢？

有人认为是因程君房看到天主教士所带来的西洋图画，如文艺复兴时期、著名画家拉斐尔所画的“抱独角兽的女郎”（图三），从而得到灵感制作此墨。以前面提到的四幅宝像图的经验来看，这种可能性不容排除。再仔细看图三左半这画里被抱着的独角兽，类似于羊，还真跟墨里的神兽相像！

只是要下此结论，得先认定中国古代没有像这样的独角兽才行。古代传说中有种叫獬豸（zhì）的神兽，头顶正中也有独角。它与生俱有辨别是非、公正不阿的本能，自古被视为法兽。图三有古人画的示意图，狮身、龙首、上有独角，形象与西方独角兽差别很大。此外，它从没被称作“九馆神龙”过。

从九馆神龙的形象以及它的独角有许多环纹来看，是不是受到西方的影响多一些？而九馆神龙的名字，显然是为这新来的神兽取的，用九来形容神兽的独角有九或更多个环纹。如果对这种看法还有保留，可再看另一锭墨，让它作为旁证，看能不能找到更有说服力的证据。

图三　拉斐尔“抱独角兽的女郎”（藏于意大利博尔盖塞美术馆）与獬豸

地中海建筑现身婆罗髓墨

在明朝比《程氏墨苑》晚出的一本墨书里，刊载了另一锭墨的资料，百分之百可确定它是受西洋铜版画的影响而制。它就是万历四十六年（1618）出版的，方瑞生所编《墨海》一书里面的婆罗髓墨（图四）。

书内说这幅墨的图像描绘的是佛教圣地婆罗门（泛指印度）。但仔细看，它四周的云气和下方的门墙，明显有中国风，而上方的主建筑，却是西欧地中海一带的味道。一些西方铜版画的表现特征，如：建筑物的立体感、透视感、明暗处理等，全都浮现。所以不论是主建筑的风格还是其表现手法，都与该书其他墨上所显示的传统国画有明显差异。至于墨的命名，则反映出当时人对世界地理的无知，以为婆罗门（印度）就包括了西方所有地方。

这幅铜版画的图样从何而来？为何出现在《墨海》书中？方瑞生是何许人？婆罗髓墨是否在出书时已经问世？是谁制作的？

前两个问题还没有找到答案。倒是方瑞生的生平有些记载，他和程君房、方于鲁一样，都是徽州人，能文善诗，酷爱制墨。所编写的《墨海》，和程方两位的书合称明末三大墨谱。但他的书内，另刊载有程方两位书内所无的其他古墨图样。他制作的墨颇获好评，只是比起两位前辈，略逊一筹。

几年前在拍卖市场上，曾出现婆罗髓墨的清朝仿品。因此婆罗髓墨极有可能在方瑞生编著《墨海》时，已然问世。虽不确知墨是否为方瑞生所造，但可肯定的是，《程氏墨苑》刊载西洋宝像图，已然对当时的制墨业造成影响。相信是从程君房的墨肆开始，兴起采纳西洋风入墨的做法。九馆神龙墨，极有可能是个实例。

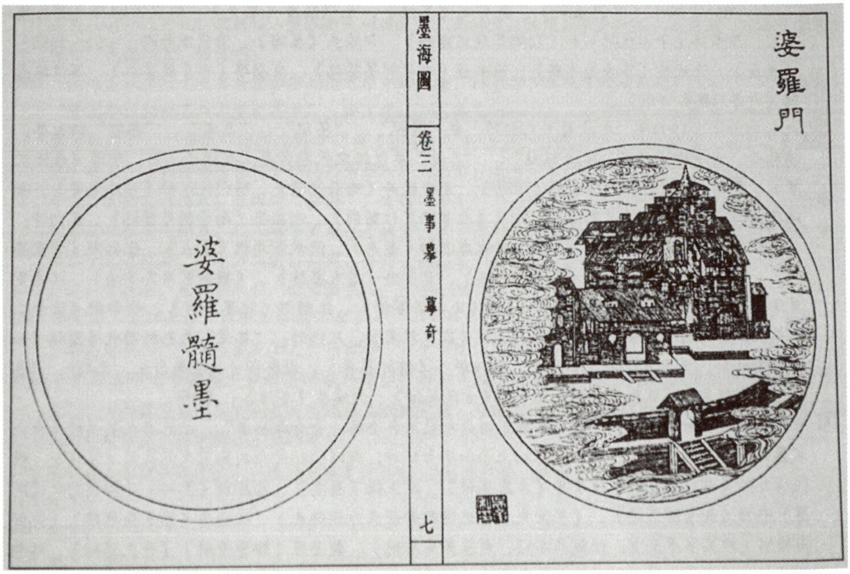

图四　婆罗髓墨图样

十二生肖时辰墨上的西洋钟

不幸的是，随着清朝取代明朝，加上天主教士卷入康熙的传位之争，雍正元年（1723）颁令禁止天主教，扼杀了西洋风在中国的扩散。即使到乾隆年间，情况也没好转。乾隆五十八年（1793），英国使节马戛尔尼勋爵（George Lord Macartney）万里迢迢来觐见乾隆，希望在北京开设使馆，并大幅改善通商条件。却被当头泼冷水说："中国物产丰盛，什么都有，根本不需要洋人的货来互通有无。"说这话时乾隆君臣当然很爽，只是过了仅仅五十年，他的孙子道光就得吞下苦果。因鸦片战争惨败，清朝统治者在

1842年被迫签下《南京条约》，割地（香港）、赔款、丧权（领事裁判权）、通商（五口通商），样样都输。

乾隆皇帝在说大话泼马戛尔尼冷水时，不知脑海里有没有浮起利玛窦将西洋自鸣钟献给皇帝的画面？他最崇拜的祖父康熙皇帝喜用自鸣钟来对时，好把握时间处理公务，甚至写过一首《咏自鸣钟》的诗[①]；而乾隆自己，也同样写过诗来赞赏自鸣钟的巧夺天工[②]。

来看一锭铁饼型的墨（图五），它明显带有西洋风。因为在墨背面正中，能清楚看到用罗马数字标记从一到十二的时刻，以及西式的指针，就像个钟（表）面一样。而在每个罗马数字时刻的外圈，则是阿拉伯数字的5、10……直到60，显然是标示分钟。再外些则出现十二生肖的鼠牛虎兔等一圈，表示对应的子丑寅卯等时刻。基于此，我们姑且称之为"十二生肖时辰墨"。

但是实际上这锭墨的意义不仅仅在凸显西洋时钟。因为在写满字的正面，有一首很难懂的诗："四库搜经史集子绝胜书画收张丑木天羣（群）彦聚清寅……"除了第一句，根本不知所云。好在从第一句的"四库"两字，可以猜想此墨跟乾隆年间编撰的四库全书有关。

没错，这锭墨来自一套五锭的乾隆御制墨。原来乾隆在命令数百大臣花了十多年工夫编成四库全书后，再接力缮写出四套，好分别收藏在皇宫里的文渊阁、圆明园的文源阁、承德避暑山庄的文津阁以及沈阳清故宫的文溯阁。乾隆自满之余，除了为四库全书题作一首总诗外，又为藏书的四阁个别题诗。然后对应他这五首诗，制出一套五锭的"御制四库文阁诗墨"。图五这锭墨上所载，就是乾隆作的总诗。有人说乾隆的诗很多都难懂

---

① 康熙《咏自鸣钟》："法自西洋始，巧心授受知，轮行随刻转，表指按分移。绛帻休催晓，金钟预报时。清晨勤政务，数问奏章迟。"绛帻，指戴红头巾的宿卫武士。

② 乾隆描写自鸣钟的诗："奇珍来海舶，精制胜宫莲。水火明非藉，秒分暗自迁。天工诚巧夺，时次以音传。钟指弗差舛，转推互转旋……"

图五　十二生肖时辰墨

正面金圈内写螭纹拱卫之“御制”，圈外反时针方向写着“子丑寅卯辰巳午未申酉戌亥”；再外三圈共72字，从上方正中开始，并同十二时辰各字可为七言绝句：“四库搜经史集子绝胜书画收张丑木天群彦聚清寅……”；反面为十二生肖与西洋钟的钟面数字。

直径9.4厘米，中心厚约1.1厘米，重98克。

难读，看了这首，应会深有同感。

这套诗墨里，其他四锭上镂的都是国画式的藏书楼阁。只有在图五的总诗墨上，绘上西洋钟的图样，显示乾隆对西洋钟的喜爱。然而相信在乾隆内心深处，仍绝对视它为奇技淫巧，才会有回复马戛尔尼的自大言语。闭关自守忽略他国，无论在古代还是现代，都会导致惨痛不堪的后果，无一例外。

这锭墨烟质细腻、光泽柔顺，是当时徽州著名的汪近圣墨肆所制。可惜从照片上很难看清它两面都有的精细回纹边饰，这两环纹样宽仅 0.23 厘米，连续不断地折成回字形，图案规则大方，纤巧秀丽。

回纹是有三千多年历史的传统装饰图样。但令人惊讶的是，它可不是华夏民族的独特创意。因为在古希腊艺术中，也常见这一类的纹样设计。那这锭墨上的回纹，能否归之于西洋风呢？在缺乏强有力的旁证下，不能骤下断语。倒是另外有锭墨上面的纹样，肯定来自西方。

搭配西番莲纹的古龙香剂墨

“龙香”二字被用作墨名，从唐明皇时代就有了（详见《墨的故事·辑一：墨客列传》“唐玄宗与龙香墨”一文），此后屡见不鲜。如明朝宣德年间，也出现龙香御墨。以下这两锭“古龙香剂”墨（图六），并非来自皇家，而是嘉庆年间（1810）在徽州任官的颜用川（本名汝楫）所订制。它出自清朝四大制墨名家之一的汪节庵，想必用料不凡，才敢取上这般有身价的墨名。

这两锭墨除了形状有异，其余用字图饰都一样。仔细看它们的光泽纹理，轻抚它们的平滑细腻，间或闻闻淡淡清香，古墨的魅惑，油然而生。

图六　古龙香剂墨

正面墨名，背写“嘉庆庚午颜用川制”，侧边写“歙汪节庵造”，文字均以西番莲纹环绕。
左墨 9.3×2.3×1.1 厘米，34 克；
右墨椭圆柱形，11.5×2.8×1.4 厘米，65 克。

两锭墨最大的亮点，在于它们的纹饰。那些围绕着墨两面的字、从字下面的花朵往两边上下伸展的藤蔓纹饰，名为西番莲纹，从名字可知它是从西方传来的，但是配在这墨上，丝毫不显得突兀错乱，反而增添了几分优雅跟华丽。

西番莲是什么？恐怕大多数人都不清楚。但若说百香果，相信大家都听过。没错，百香果乃是西番莲科庞大家族里的一支，它的原产地在南美洲，后经西班牙人带进欧洲，明清之际再传入中国。当时的工匠在原有缠枝纹的基础上，根据西番莲的实物模仿改进，所得出来的西番莲纹广受欢迎，被用上多种红木家具的雕刻，以及许多瓷器、珐琅器、漆器、刺绣等的装饰上。如家中有些古董家具和古玩，不妨仔细瞧瞧，说不定可找到相似的西番莲纹。

至于中国台湾地区的西番莲，是在20世纪初由日本人引入的。目前在低海拔的野外，常见的西番莲科植物有百香果、三角叶西番莲以及毛西番莲，都是原产于南美洲的外来品种。经过多年，它们现已演变成归化种。也就是说，它们已在野外建立起稳定的族群，能自行繁衍下一代。植物能如此融入，人种何尝不是如此？

地球造型墨

清嘉庆之后，可能是因西方帝国主义的侵略日盛，激起民众反感，也让士大夫阶层里的保守势力抬头，墨上面的西洋风一度绝迹。直到慈禧太后跟国人道别后（1908年），人们才又再度看到胡开文墨肆的带有洋味的地球墨（图七）。

地球墨是以油烟制作，原来全部涂金。呈现铁饼状，却有个厚边。这样的设计使它稳重厚实又兼顾圆形球状，可见胡开文在设计上的用心，构

图七　地球墨

两面分绘东半球和西半球图形，刻经纬线，标注地球仪上常见各大洲、各大洋等。圆边刻“A MEMORIAL FOR PANAMA E × HIBITIONON U.S.A. 1915 MANUFACTURED BY HU KA WEN, THE FIRST ESTABLISHED FACTORY, HSIU-NIN, ANHUI, CHINA.”

直径 12.2 厘米，中间厚 1.6 厘米，边缘厚 1 厘米，重 328 克。

思出这种造型来融合传统的圆墨和地球仪。

墨的两面分别是东半球和西半球图形。上面有清楚的经纬线，并且标注了地球仪上常见的各大洲、各大洋等。特别值得一提的是，这锭墨在中国领土范围内，标注了安徽省、蒙古、西藏。以凸显此墨制造于安徽省，并强调当时在列强觊觎下的蒙古和西藏，是中国领土的一部分。充分反映当时人在列强欺凌下，油然而生的爱国心。

几乎在所有谈墨的书里，讲到胡开文时都会提及这锭墨，把它当成招牌作品来看待。主因是，它是第一个以地球为造型的墨，再加上它曾参加国内外的大展并获奖，为制墨业和国家争光！

它第一次参展，是1910年在南京举办的南洋劝业会，获得了优等奖状。这一年是清政府统治的最后一年，隔年孙中山先生革命成功，民国建立。因此这是清廷首度举办，也是唯一一次的大型工商博览会，重点是提倡实业。之所以冠名为“南洋”，是因为发起人是两江总督端方，当时他身兼“南洋大臣”。

会场占地一千多亩，先后开设三十二所展馆，除蒙古、西藏、新疆外，各省和十四个国家地区都参加并提供展品，号称达百万件（实际十万多件）。会期长达半年，吸引了三十多万人参观。当时还是青少年的鲁迅、茅盾、叶圣陶等作家，都曾兴奋参观并写下激励文章。

这锭墨到国外参展，则是1915年在美国旧金山举办的世界博览会，全名“庆祝巴拿马运河开航太平洋万国博览会（Panama-Pacific International E×hibition）”。主旨是庆祝美国兴建的巴拿马运河于前一年通航太平洋，其次为展现旧金山已从1906年的大地震中完成重建，于是大肆举办并广邀各国参加。而中国在推翻清政府统治后，恰好也想在国际上曝光，展现新中国的新气象。于是在北洋政府的积极参与下，展览馆占地达五万平方米，与日本馆大小相同，是参展的三十一国馆中最大的。建筑则以北京故宫太和殿等为蓝本缩小仿建（图八），并围上城墙，壮阔惊人。

图八　1915 年旧金山万国博览会中国馆

图九　旧金山博览会的台湾乌龙茶屋

地球墨就是在经北洋政府农商部评选后，与徽州的茶叶、瓷土等，加上其他地区的酒类（汾酒、茅台、五粮液、张裕葡萄酒等）、家具、纺织品等出自全国共四千一百七十二个制作展出单位制作的展品，到旧金山呈现给世人。

而所有参展品由大会的评审团分门别类评选后，共颁发两万零三百多枚奖章和两万五千五百多张奖状。中国展品获奖章一千两百多枚及更多的奖状，地球墨据称得到金质奖。墨的圆边刻上的英文字，清楚地标记着：纪念 1915 年美国巴拿马展览会，中国安徽休宁胡开文起首老店制。（有种说法，这些英文字是在参展回国后，在新造的地球墨上才加的。）

有趣的是，当年台湾地区在日本统治下，所产的乌龙茶也被日本选出参展。日本馆内还设有提供试饮乌龙茶的茶屋（图九），在身穿和服的小姐的招呼下，许多洋人入内品尝乌龙茶的清爽。

世界博览会上谁评审？

2015 年正值旧金山举办博览会一百周年，回顾这段与地球墨有关的历史，我们会觉得很有趣，也有些好奇。因为墨不像酒、茶叶或丝绸、家具，在外国人生活中完全没它的空间，因此外销的可能性非常低。导致除了胡开文，没有别的墨肆参展。那胡开文参展的目的何在？展场内应该没有其他国家的同类产品，在缺乏竞争比较的情况下，评审委员如何评奖？

先回答第一个为何参展的问题：有可能是因官府的指定，也有可能是胡开文的远见，他揣摩过洋回来的东西好做宣传，有助国内销售。显然这步棋走对了。前面不是讲过，到现在几乎所有谈墨的书，都提到地球墨的获奖，帮他作了口碑吗？

至于怎么会得奖，得什么奖？就难推敲些。大会规范的获奖等级有：大奖章（Grand Prize）、尊荣奖（Medal of Honor）、金牌奖（Gold Medal）、银牌奖（Silver Medal）、铜牌奖（Bronze Medal）等五级，以及奖状（Honorable Mention）。由大会的五百人评审团来决定获奖者。这里面，美国委员占 7/10，其余一百五十位评审委员内，中方委员只有十六人。

墨，是自成一类接受评审吗？倘若如此，评审委员来自何方？

按理讲中国委员应该回避，于是有可能只剩日本委员。以当时国情，日本人会认可而颁发真正大奖吗？所获得的究竟是金牌奖还是铜牌奖？由于当时的参展记录不详，加上也没能在文献上找到奖章的相片，因此这些问题也无从回答。但无论如何，胡开文墨肆的成就，是不会因此而减损光彩的。

现代制作的墨上，还能找到洋味吗？就眼见所及，几乎没有。但这并不代表洋东西已经在墨上消失。值得忧心的是，洋味已经从头到尾侵入许多墨内。事实上，在清末民初时，作为制墨最主要原料的烟炱（粉），就被快速进口的工业烟粉所取代。因为进口货的量大、价钱便宜，手工土产原料难以跟它竞争。以此制作出来的，已不是带洋味的墨，而是不折不扣的混血墨。这印证了任何行业，即使是古老的带着文化特性的制墨业，都无法闭关自守。面对国际竞争，一定要撷取所长、精益求精、创新再创新，才能与时俱进，不被颠覆。

第八章

星星知我心

——占星

8

Chapter

耶稣会教士汤若望（Johann Adam Schall von Bell）躺在床上，悲伤地望着窗外残月繁星。顺治皇帝来看他，叫他“玛法”（满语，亲切的老爷爷）的情景还在眼前，但此刻他只能无助地听凭权臣鳌拜发落。消息传来，已被革除钦天监监正（国家天文台台长）职务的他，将遭受最残酷的凌迟之刑。

以他日耳曼人的个性及才华，绝对能为自己辩护，并推翻这个判决。想当年他曾获大明崇祯皇帝颁赐“钦褒天学”匾额；也曾在闯王李自成进军北京后，持刀斥退想来抢劫他住处的乱兵，随后还与李自成有过长谈；更与清朝在北京的第一位皇帝顺治建立深厚友谊。从顺治元年起就负责钦天监工作达二十年的他，怎会被算学不精的汉人天文历学家给告倒呢？

无奈他已 73 岁高龄，信任他的顺治皇帝过世已三年，继任的康熙皇帝才 11 岁，大权被顺治临终吩咐的顾命大臣鳌拜把持。更惨的是，他又中了风，半身不遂，说话不清，多半时间都得躺着。想为自己辩护，可真力不从心啊！瞄着曾守望了多少个晨昏的星月，他喃喃自语：星星，你们可知道我的心？

虽然躺着，脑筋可没闲着：日月星辰的运行、日食、月食和彗星的出现、四时节气的变化，无不了然于胸。天文学、科学，与地上的人事物并没有牵连，但为什么这些聪明的汉人满人，一定要把天文星象跟政治、社会、宗教绑在一起？又为什么要假借天文历法及宗教之名来迫害我？

忽然，脑海里闪过利玛窦这位启发他来中国的老前辈。利玛窦在明朝没当过官，却赢得许多大官的尊敬，死后荣获万历皇帝允许葬在北京。利玛窦还在 1605 年结识了制墨大师程君房，并赠送有天主图像的铜版画给程君房，供他收录在《程氏墨苑》中作为墨样。虽不知是否制成墨，但光凭书的广泛流传，就对传教工作大有帮助。怎么汤若望就没想到借着文人所爱的墨，来传播他自己在天文星相上的研究成果，趁机把基督的福音传播开来呢？

天上星辰与人间英雄

汤若望在中国住了四十多年，顺治皇帝时官至一品。但在那帝王将相、才子佳人主宰的时代，有多少人能接受并认同他实事求是的精神？古代中国人对天地人之间带有迷信的复杂情怀，恐怕是导致他晚年悲惨遭遇的主因。

古时中国人就已对天上的日月星辰展开观测。当时为了认识星辰和观测记录天象的方便，把天上相近的几个恒星纳为一组并命名，这样的恒星组合称为星官。各个星官所包含的星数，少到一两个，多可到几十个。到明朝末年，星官的总数已超过三百个。

相较于现代天文学的星座，星官各自的范围较小、数量较多。因此古人又把星官划分为三垣和二十八宿等较大的区域。三垣是：紫微垣、太微垣、天市垣；北、东、南和西方各有七宿，组合成为二十八宿①。

除了帮星星分组命名，古人对星星还有浪漫的憧憬。如伟大显赫的人物，通常都被对应到天上的星辰。譬如皇帝对应到紫微星，大诗人李白是太白金星下凡，关公和狄青是武曲星下凡，白蛇传里许仙和白蛇所生的儿子是文曲星下凡等。看过《水浒传》的人一定都记得，书中主角梁山泊一百零八位好汉，是天罡星三十六星和地煞星七十二星。

而升斗小民，虽没伟大的出身，却依然跟星星密不可分。接触过紫微斗数的人都知道，它的理论是：人出生时的星相，决定人一生的命运。这是因为星相的运转排列有一定的次序，相应之下，人会受到这个次序的影

① 二十八宿名
东方七宿：角、亢、氐、房、心、尾、箕。
西方七宿：奎、娄、胃、昴、毕、觜、参。
南方七宿：井（东井）、鬼（舆鬼）、柳、星（七星）、张、翼、轸。
北方七宿：斗、牛（牵牛）、女（须女）、虚、危、室（营室）、壁（东壁）。

响。所以分析出生时的星相，就能推断人生命运的好坏和发生的时间。听起来很奇妙，不知道您相不相信呢？

基于对天文星相的敬畏、迷惑、幻想、企盼，自古以来就流传着许多传说吟咏。最有名的寄托在牛郎星和织女星的爱情故事里。如汉朝的《古诗十九首》中："迢迢牵牛星，皎皎河汉女……"①

另外北斗星也是热门主题。如唐代描写大将军哥舒翰镇守边疆，使吐蕃不敢越界的《哥舒歌》："北斗七星高，哥舒夜带刀。至今窥牧马，不敢过临洮。"

就连孔子也说，若能以仁德治天下，则众人对君王的信任敬服，就像众星自然围绕拱卫着北斗星。（为政以德，譬如北辰，居其所而众星拱之。）

对天文星相有如此根深蒂固的思维，导致在制墨业蓬勃发达的明代晚年，简单的龙螭图案已不能满足市场口味，一类新的图案墨就此诞生。

天文星宿，墨业新产品

万历年间出版的《程氏墨苑》和《方氏墨谱》，都载有许多星相图的墨样。譬如说《程氏墨苑》有：紫微垣、太微垣、天市垣、二十八宿（共二十八幅图）、格泽星、五星聚奎、文昌宫等；《方氏墨谱》有：紫微垣、日重光、胃之宿等，琳琅满目，图案设计也颇为讲究，非常可贵。

试看《程氏墨苑》的紫微垣墨样（图一）。古人认为紫微垣之内是天帝的居住处，是皇家的内院。除了皇帝之外，皇后、太子、宫女都住在里面。

① 全诗为：迢迢牵牛星，皎皎河汉女；纤纤擢素手，札札弄机杼；终日不成章，泣涕零如雨。河汉清且浅，相去复几许；盈盈一水间，脉脉不得语。

它包含二十位星官[①]（从中央往右逆时针计数：这些星官各有执掌，如勾陈是天帝的正妃，四辅是天子的四个臣子，华盖是帝王用的伞形遮盖物）。

这个墨样应该被制成墨过，可惜至今没看过它的实品或图片。所幸《程氏墨苑》内还有二十八星宿的墨样，找到三锭循此的后仿品（图二、三、四）。

奎宿符墨（图二）的正面，大字标出主要星官：奎。古人形容它“腰细头尖似破鞋，一十六星绕鞋生”，还真贴切。奎宿是西方白虎七宿之首，奎星官又叫天豕（天猪），因此奎宿天将星君是猪头人身。他原本管人间武库、兵甲、戈矛、风雨、雷电等，身着盔甲手持长剑，威风凛凛。只是不料因为跟另一个“魁”字发音相同，两者逐渐混淆，导致奎星变成跟魁星一样，也管文运，成为学子膜拜的对象之一。

角宿是东方青龙七宿第一宿，星官由两颗恒星组成。古代把这两颗

① 紫微垣二十位星官及职掌：
天皇（天皇大帝一星被勾陈所围，是皇帝的象征之一）
勾陈（形弯曲如钩，古时被视为黄帝的后宫、天帝的正妃）
北极（北极五星，分别为太子、帝、庶子、后宫、天枢）
四辅（天子左右四个辅助之臣）
华盖（帝王所用的伞形遮蔽物）
六甲（天干地支相配而来的甲子、甲戌、甲申、甲午、甲辰、甲寅）
帝座（即东方苍帝、南方赤帝、西方白帝、北方黑帝、中央黄帝，位次天皇大帝）
天柱（天帝张贴政令的地方，也负责支撑天地）
柱史（官名，记历史）
女史（主铜壶漏刻的女官，或指负责王后礼仪的女官）
尚书（官名，掌管文书章奏）
大理（负责审讯的法官）
阴阳德（施惠而不让人知，或指帝王后宫事务）
右垣（紫微右垣七星，分别为右枢、少尉、上辅、少辅、上卫、少卫、上丞）
左垣（紫微左垣八星，分别为左枢、上宰、少宰、上弼、少弼、上卫、少卫、少丞）
天床（天子的睡床）
内阶（连接紫微宫与文昌宫的天梯）
八谷（八谷指稻、黍、大麦、小麦、大豆、小豆、粟、麻，或指管理土地的官员）
天厨（为一般官员而设的厨房）
天棓（象征在天上守卫紫微垣的兵器）

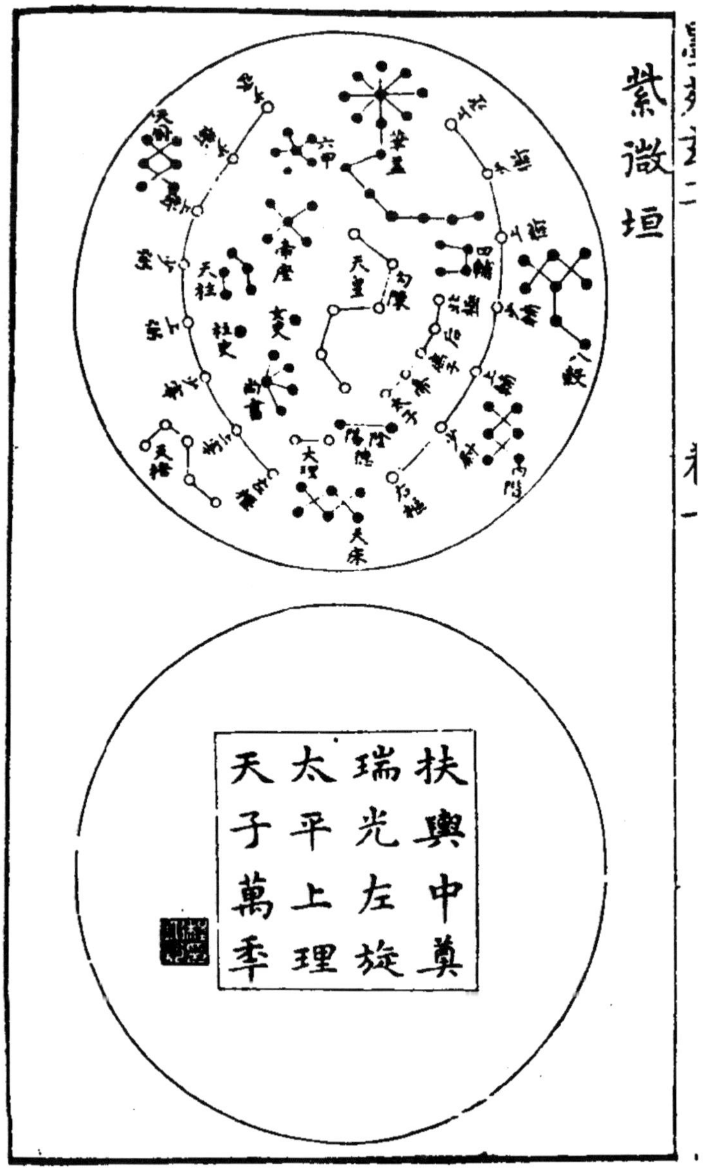

图一　程君房制紫微垣墨样

图二　奎宿符墨

正面绘奎宿十个星官，背镂奎宿天将星君，两侧分写“奎宿符”“程君房造”。
9.7×7.5×1.9 厘米，174 克。

图三　角宿符墨

正面绘角宿十一星官，背镂角宿天门星君，两侧分写“角宿符”和“程君房造”。
直径 9.9 厘米，厚 2.1 厘米，重 176 克。

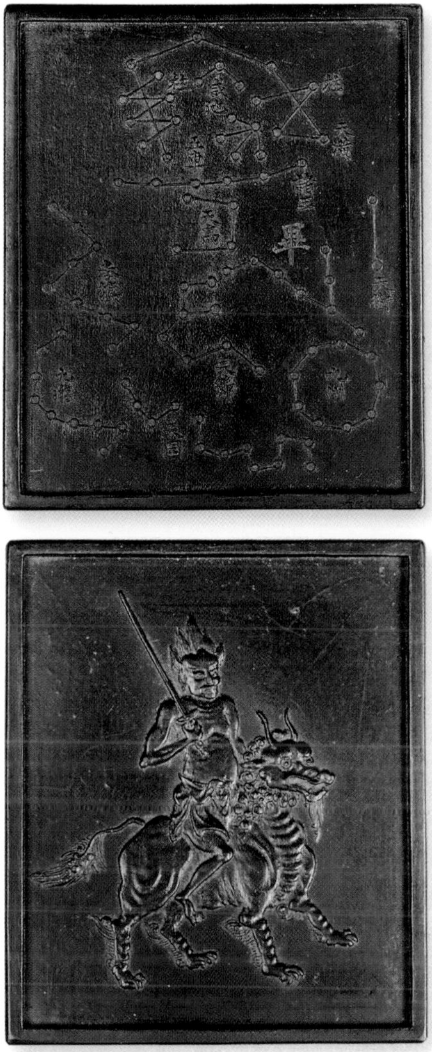

图四　毕宿符墨

正面绘毕宿十四星官，背镂毕宿天耳星君，两侧分写“毕宿符”和“程君房造”。
8.9×7.6×2.1 厘米，174 克。

星看作是天官的两扇大门，因为日月五星的运行路线——黄道，就是从二星之间穿过。角宿符墨（图三）呈圆形，背面的角宿天门星君掌管人间将军、兵甲、雨泽、延生、农田、耕稼。不过看墨上的星君盘膝坐在花丛中，左手执长柄的含苞莲花，很难产生这种联想，反而觉得像是爱好大自然的得道成仙者。

再来看毕宿符墨（图四）。毕宿是西方白虎七宿中的第五宿，主星官“毕”有八颗星，形状像小叉子，也像英文字母Y，当然也像毕这个字。由于主管边兵和弋猎，以至墨背面的毕宿天耳星君手持宝剑，跨着像麒麟的怪兽，怒发冲冠，展现着赤膊要上阵征伐或是出猎的英姿。

这三锭墨大概是清末民国初年的仿品。但无论是墨模的雕刻、原料的选择，制作的工艺，还是光泽气味和手感上，都让人愉快喜悦。若有真品，已是四百多年前的古董，保存不易。在真品不敢想也不可求的情况下，这三锭墨不失为可接受的替代品。另外，不知你有没有察觉，墨里每位星君的体型，与它所代表星宿形状，还蛮相近的。如今的星座不也如此？

天文垂曜，拍皇帝马屁

古人称太白星（金星）、岁星（木星）、辰星（水星）、荧惑星（火星）、镇星（土星）这五颗离地球最近也最亮的星星为“五星”或“五曜”。加上太阳星（日）、太阴星（月），合称“七曜”。曜的本义是日光，后来称日、月、星这些明亮的天体都是曜。听过日本人称每周七天为日曜日、月曜日、火曜日、水曜日、木曜日、金曜日、土曜日吗？其实也由此而来。

想到天是曜的所在，没有天，就不会有曜。因此当皇帝被称为天子时，就少不了歌功颂德之徒发明一句“天文垂曜”来拍马屁，吹捧皇帝如同天

图五　天文垂曜贡墨

正面墨名；背绘十颗星，下镂灵芝祥云；
两侧分写“康熙癸巳年”“漕运总督臣郎廷极恭进”；顶“漆烟”。
9.5×2.3×1 厘米，32 克。

一样大放光明，照耀万民。接下来要谈的清朝郎廷极进贡给康熙的天文垂曜墨（图五），就是这个用意。

制作此墨的康熙五十二年（1713），已近康熙晚年，看来他此时对于臣下的谄媚已不太反感。郎廷极有满洲旗籍，隶属于皇帝自己掌管的上三旗中的汉军镶黄旗，获得关爱。很快升到江西巡抚、两江总督，最后任漕运总督，是主管大运河沿线和运粮的肥缺。现在江苏淮安市，还留有明清时期的漕运总督官署建筑，规模大，保存好。

郎廷极在康熙四十九年（1710）任江西巡抚时，就进贡过墨，看到没不良反应，因此再来歌功颂德一次，可惜两年后他就病死在任上，没有福气享受加官晋爵。接替他担任漕运总督的，是被康熙称为江南第一清官的施世纶，是施琅的儿子，也是电视剧《施公案》的主角。

郎廷极有位族兄郎廷佐，比他更有名，是清朝的第一任两江总督。顺治十五年（1658），当郑成功十几万大军包围南京时，郎廷佐坚守城池并设计诈降，最终击败郑军。没想到他的战胜，竟促使郑成功把反清复明的根据地转向台湾，从而赶走荷兰人，最后又经由施琅之手，让台湾回归中国。你说历史的发展神不神奇？

魁星墨，许一个金榜题名的未来

天文垂曜是皇帝专用的，可不能用在自己的墨上。而一般读书人在还没考取科举功名前，总希望博个好彩头，于是有魁星墨的出现。

由曹端友制作的魁星墨（图六），非常精美。他是曹素功的九世孙，在太平天国运动期间，将曹素功墨肆由徽州先迁到苏州，再迁到上海，是重整旗鼓的大功臣。到光绪十三年（1887）时，他的制墨事业达到高峰，这锭魁星墨充分反映出他高超的工艺和对质量的要求。遗憾的是，墨上对魁星的赞语，有些字看不懂。至于墨上侧边写的“师竹斋”，似为当时寓居上海的著名书画家任松年（号松道人）的书斋名。

魁星，原称奎星（注意，不是奎宿），指北斗七星的第一至第四颗星。然而道教认为，奎星的排列形状弯曲，像文字之书，于是被有心人认为是主宰文运之神，又称大魁夫子或大魁星君。这一来，要参加考试的学子无不尊敬。尤其在考季，挤破头也要去拜拜，跟它相关的典故传说很多，主要是“魁星点斗，独占鳌头”。

墨上的魁星点斗图像，是民间流传最普遍的版本。它是从魁这个字的形状演进出来的：有个鬼，向后弯起一只脚，捧起一个斗，于是整个字寓意魁星。这斗被认为是装墨的墨斗，捧在左手，右手抓支笔，用以点名考中上榜的学子。至于魁星的相貌，则因这鬼字而有些狰狞。

魁星还单脚站在一只鳌鱼的头上，象征“独占鳌头”。这是因古时候皇宫大殿台阶的正中央石板上，雕有龙与鳌（大龟）。唐宋时，所有考中的进士都要站在台阶下迎榜，只有为首的状元可以荣耀地站在大龟上，这一来就有用“独占鳌头”来代表考中状元的吉祥用语。

这锭墨应该是供销售的市墨，一般而言质量普通。但因它的销售对象锁定在应考学子，家庭经济能力通常不错，在应考时会讲求笔顺跟写出来的字好看，更想博个吉利，因此墨肆会特别把这种墨做好一点，价钱高些。墨顶端的“上顶烟”字样，就是这个用意。

与魁星相关的观念，在科举时代非常普遍，因此几乎各地都有膜拜魁星的寺庙建筑，台湾地区也不例外。像在澎湖马公的文石书院、台南赤崁楼的文昌阁、云林台西的明圣宫、新北市树林的镇安宫、淡水的魁星宫，以及台北市的文昌宫、万华龙山寺等多处，都有奉祀。

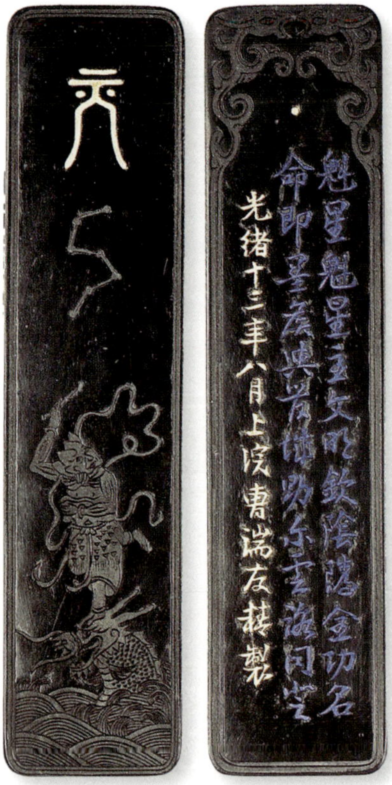

图六　师竹斋藏墨：魁星墨

正面上端镌双螭相对，尾向下拉成边框，框内额珠下写“魁星魁星主文明钦阴隲全功名……光绪十三年八月上浣曹端友精制”；背面“天”字下绘北斗七星，镌魁星踢斗独占鳌头图；侧凹槽内写“师竹斋藏墨”；顶写“上顶烟”。

11.5×2.8×1.1 厘米，52 克。

日月合璧五星连珠，是吉是凶说不准

夜晚天空群星来去，各有各的运行轨道，此起彼落。因此要是一些特定的星，同时出现在天空某个角落，相对来说比较难得。古人就观察到“参（在猎户座）”和“商（在天蝎座）”这两颗星，永远不会同时出现。诗人杜甫从而留下“人生不相见，动如参与商”的诗句，感叹人生的无常及好友相聚的可贵。

因此当几颗很亮的星星（大致是靠近地球的其他太阳系行星），同时聚在天空里的一小块区域，甚至是某一星宿的范围内时，古人会对这特殊的现象格外重视而记录下来。于是出现了五星连珠或更多星联珠的讲法。

五星，就是我们在前面讲过的水星、金星、火星、木星与土星。古代没天文望远镜，因此即使其他较小的行星也联珠了，古人肉眼也看不到。不像现代天文界，动辄来个九星联珠（九星指太阳系的九颗行星），吓死人。

那五大行星要聚到什么程度，才算是五星连珠呢？这在古时候没有严格的定义。但可肯定的是，五星聚得越近，发生的频率就越小。因此若限定五星相聚时，彼此间的最大分离角度不能超过二十三度，平均每千年发生约二十六次，也就是平均约四十年才有一次。由于二十八宿中每一宿的分离角度都小于二十三度，所以五星连珠聚在某个星宿的机会就更少了。

这么多行星联在一起，是好是坏？

在西方人的眼里似乎不好。因为西方电影里往往用多行星联珠的现象，引出世界危机，而要靠男女主角出生入死来加以拯救。如《古墓奇兵》里，女主角萝拉在九星联珠时间的逼近下，毁了魔三角也救了世界；另外在《雷神索尔2》中，也在九星连珠时，让雷神索尔打败乙太来力挽狂澜。

不过香港的星爷周星驰的经典电影《食神》里，倒是提到九星联珠为食神史蒂芬周铺路，做出一道好吃的“黯然销魂饭”，显示出东西方观点有别。

在古代中国人眼里，五星连珠是吉祥天象，因为它和古代的历法有密切的关系。当时的天干地支历法，是以黄帝的即位时间作为起点，定那一刻为甲子年、甲子月、甲子日、甲子时。而据说，那天正好出现五星连珠，因此五星连珠成了干支纪年的开端。另外据说之后的尧帝在甲辰年登基时，也出现了五星连珠。这样看来五星连珠跟圣明君主有密切关系，当然也引起了钦天监的密切关注，大臣拍马屁的重要事项了。

五星连珠要很多年才出现一次，若再配上日月合璧，那就更难了。日月合璧指的是日食或月食。发生在农历朔日（初一）的是日食，农历望日（十五）的是月食。换句话说，当日月合璧五星连珠发生时，离地球最近的七大星体都同时出现在能见天空里，这可是大做文章的好时机。

这锭标记为清道光元年（1821）的日月合璧五星连珠墨（图七），是依当年詹应甲恭贺道光皇帝的墨仿制的。那年 39 岁的道光皇帝才登基，就发生这天文异象，是象征祥瑞的好兆头。可以想象上表称贺吹捧拍马的大臣一定不少。还好道光天生小气，历史记载说他的衣服穿破了就打补丁，可能怕大臣跟他要赏赐，才没大肆庆祝。

制墨家詹应甲是徽州婺源人，乾隆五十三年（1788）的举人，在湖北省好几个县当过县太爷，风评不错。徽州婺源的詹氏家族有悠久的制墨历史，从明朝中期以后就名家辈出。詹应甲家学渊源，会制好墨不是偶然。

道光皇帝在位三十年，越小气，国势越弱。鸦片战争发生后，更是江河日下。所以谁说即位时的日月合璧五星连珠是个吉兆？之后他的儿子咸丰上任，太平天国运动兴起，英法联军也接踵而来。逼得咸丰逃出北京到热河的避暑山庄行宫，在位十一年却总是颠沛流离。没想到，突然又传来日月合璧五星连珠的消息。是嘲弄，还是讽刺？

图七　日月合璧五星连珠墨

正面额珠下写墨名；背镂祥云捧日，下有月亮和联珠五星高悬海上；
侧写“道光辛巳四月朔”。
9.7×2×1.2 厘米，36 克。

礼亲王送给慈禧太后的礼物

咸丰十一年（1861）六月，钦天监上奏：八月初一将有日月合璧五星连珠的天象。只是当时困在避暑山庄的咸丰帝哪有心情？传旨说，“不必宣付史馆”，也就是说别提了。他可能有预感，因一个月后，天象还没发生时，他就病死行宫。那这个天象是吉是凶？该应验在谁的身上？

由一位礼亲王在同治六年秋月定制的日月合璧五星连珠墨（图八），可能就是因此而补做的。墨本身略现岁月痕迹，但看得出它墨质佳，工艺好，烟粉清纯胶质细密，黑黝具有光泽，没有辜负制作者胡开文墨肆的盛名。

有关墨的信息很清楚，却留下两个问题。首先，为什么说这锭墨是补咸丰十一年的天文而做呢？难道同治六年秋月就没这难得的天文异象吗？再来，礼亲王是谁，为何要定制这墨？

翻遍资料都找不到任何记录，说同治六年有日月合璧五星连珠的天象。既然如此，礼亲王要在这年定制这锭墨的目的，就更不单纯。

礼亲王在清朝皇族里的位阶很高，是所谓的“铁帽子王”。这个亲王可以代代相传，不受其他亲王每代要降一级的限制。主要是因起始的礼亲王代善，是开朝皇帝清太祖努尔哈赤的长子。他骁勇善战，在征战明朝的过程中立下赫赫战功，才得到这份殊荣。他的封号全称“和硕兄礼亲王”，是唯一在名号里带有“兄”字的，说礼亲王是首席亲王可不为过。

同治时期的礼亲王世铎，是代善的九世孙。道光三十年，也就是道光在位的最后一年，年仅 8 岁的世铎，世袭了礼亲王爵位。因此在咸丰朝的十一年里，他因不满 20 岁，没能当上什么大官。不过咸丰死后，慈禧太后要垂帘听政时，他这首席亲王，可显现出很大的利用价值。在慈禧的安排下，由他领衔奏准了《垂帘章程》，完备了慈禧太后的掌权依据。

此后这位性格懦弱的亲王，就成了慈禧的工具，大小事都听旨办理，

图八　礼亲王定制日月合璧五星连珠墨

墨两面和顶底均呈弧形，正面墨名，背写“同治六年秋月礼亲王定制”，
侧“新安胡开文谨识”。
14×2.7×1.3 厘米，76 克。

当然官位也越做越大。猜想他会在六年后定制此墨的主要目的，是拍慈禧的马屁，虽没明说，但暗指日月合璧再加五星连珠的祥瑞预兆，是应验在同治皇帝之母，慈禧太后身上！换句话说，就是帮慈禧掌权找个天意。

清政府被推翻后，无数的皇家贵族都从此销声匿迹，世铎家本来也不应例外。但没料到的是，他的孙辈竟出了一位受人景仰、被公认为经学大师的“毓老师”。本名爱新觉罗·毓鋆的他，在台湾地区讲经六十年并创办奉元书院，桃李逾万满政商。他 102 岁时仍讲学授课，2011 年以 106 岁高龄辞世。网络上对毓老师有许多报道，很有意思。

天地异象救了汤若望

汤若望没能抓准中国人赋予天文星象的意义，导致被原在钦天监里工作的守旧派攻击，曲解他传教书里的话语，渲染他有异心，最后被定罪处死。眼看就要无可挽回时，天地忽然传出异象，是不是星星终于知道他的心了？

这时天空出现象征不祥的扫把星——彗星，京师又连续地震五天，宫殿遭到破坏，有的地方还着了火。这是上天对下界不满的表现，是对统治者的严厉警告啊！

吓坏了的清朝统治阶层，顺治皇帝的母亲孝庄太皇太后遂出面特旨释放汤若望，他不久后即病死。但令人痛心的是，同时被判罪的，那些追随汤若望从事西学的汉人，仍有多人被斩①，更多被革职。这意味着深受利玛

① 汤若望历案里遭酷刑处死的部分名单：

钦天监刻漏科杜如预，五官挈壶正杨弘量，历科李祖白，春官正宋可成，秋官正宋发，冬官正朱光显，中官正刘有泰等皆被凌迟处死。已故刘有庆子刘必远，贾良琦子贾文郁，宋可成子宋哲，李祖白子李实，及汤若望的义子潘尽孝俱被斩。

窦影响的徐光启从崇祯年间开始所精心培养的一大批学习西方数学和天文的汉人专家团体，彻底被摧毁解体。古老中国刚萌发的科学嫩芽就此凋萎，而再回头已是百年身。

如今，国人没有人会对任何天文奇观抱有遐想，古老的日月星辰传说，只能从民俗的角度，为我们增添些话题情怀。当它们的运行万年不变时，文人珍惜的墨，已快速从我们身边消失。看到文章里的墨和天文星象，除了赞叹它们的精美有趣，不知能否激起一丝对往日的怜惜？

第九章

当黄白红蓝遇见黑

——融合

9

Chapter

下面出一道选择题，旗人指的是：1）挥舞旗子的人；2）举旗走在队伍前面的人；3）船上挥旗语的人；4）把旗帜做成衣服穿的人；5）以上皆非。

如果选前四个答案里的任何一个，都是错的。正确答案是5）。

顾名思义，旗人当然跟旗子有关，而且不只一面旗子，竟达八面之多。那么，是八家将的旗子吗？嗯，有点接近。这八面旗子和军事有关，但不是八家将的，他们是由清朝的军事组织演变而来。清朝的奠基者努尔哈赤为有效动员指挥，把壮丁编组为“旗”来作战，每旗编制七千五百人。后扩充成八旗，以正黄、正白、正红、正蓝，及镶黄、镶白、镶红、镶蓝这八面旗帜作为识别。

旗帜的设计挺有趣：正四旗是纯色四边形，龙头朝后（图一）；镶四旗则为五边形，黄、白、蓝三旗镶红边，红旗改镶白边，龙头都是朝前。至于为什么只用四种颜色？猜想是为了容易辨识、容易记，而且容易制作、节省布料。

有了八旗军队，里面的成员自然就简称旗人，连他的家属子孙，也都成为旗人，除非被除籍，才能脱离这名称。

但旗人一定是满人吗？也不尽然！因为若是仅凭纯满人的八旗军，人数必定有限，要攻取大明江山绝对有困难。

清军的领袖入关前就有此警觉，于是纳编征战蒙古、明朝时，所降伏或俘虏的人进八旗。最后组成八旗蒙军及八旗汉军，使得八旗的编制扩增到十八万人。靠着这支精锐的八旗军，加上吴三桂的关宁铁骑，最终大败李自成及明朝的军队，很快征服全中国。

由此可知，旗人里也有汉人。只是当他们一被编入某个旗，基本上就不再被认作汉人，而被当作满人家中身份低下的奴仆，或称作包衣。《红楼梦》作者曹雪芹的先祖，原为明朝辽阳的地方官员，在被清军俘虏后，被编入正白旗，以后他的子子孙孙，都成了正白旗的旗人。

八旗为清军夺得天下，自然成为政权的核心。八旗出身的子弟，只要略

正黄旗

正白旗

正红旗

正蓝旗

图一 正四旗

通文墨，就能当官。乾隆皇帝宠信的和珅，属正红旗，尽管没考上举人，却在进入乾隆皇帝的侍卫行列后，凭着机智的头脑扶摇直上，最后官位等同宰相。其他的旗人即使没那么好命，只要过得去，当个太平官还是容易得很。

其中有些派到安徽的旗人，当然不会忽略著名的徽墨，于是，也跟着争相赏玩墨。

旗皮汉骨的墨

清军入主中原后，仿照明朝的官吏制度建立自己的政权体系。但是重要的职位，却由满人抓着不放。即使要用汉人，也会摆个满人在左右来制衡，如中央政府施政的吏、户、礼、兵、刑、工六部，以前都只设尚书（部长）一人。但清朝却有满、汉尚书各一人，连第二把手的侍郎（副部长）也是如此。

但在基层负责收税和行政的，像知县这种要面对广大汉人老百姓的官，清朝统治者也深知以汉制汉的道理，就多让汉人来当。反正他头上还有层层的总督、巡抚、布政使、按察使、知府、道员等看着，不怕这些汉人知县作怪。再说，前面提过，旗人之中也有许多出身于汉人的。他们经过多年的管教考核，忠诚度够高，正是基层官员的最佳人选。

康熙二十一年（1682），被派到徽州歙县担任知县，并留下所制墨（图二）的靳治荆，就是具有这种身份的旗人。他祖先是明朝军官，早年被派到辽东，全家在那儿生活多年后，被日益壮大的清军俘虏，编入镶黄旗。要知道在八旗里，镶黄旗、正黄旗、正白旗这三旗归皇帝亲自统率，而且皇帝的旗籍就在镶黄旗。这就为靳家人往后的发展打下良好的基础。

靳治荆一大家子都享受到当旗人的好处，他的父亲和伯父都做过高官。除伯父靳辅曾官至安徽巡抚、河道总督外，他的哥哥靳治扬在福建任漳州知府后，奉命渡海赴台担任台湾知府，堂弟靳治齐后来也到徽州当过官，

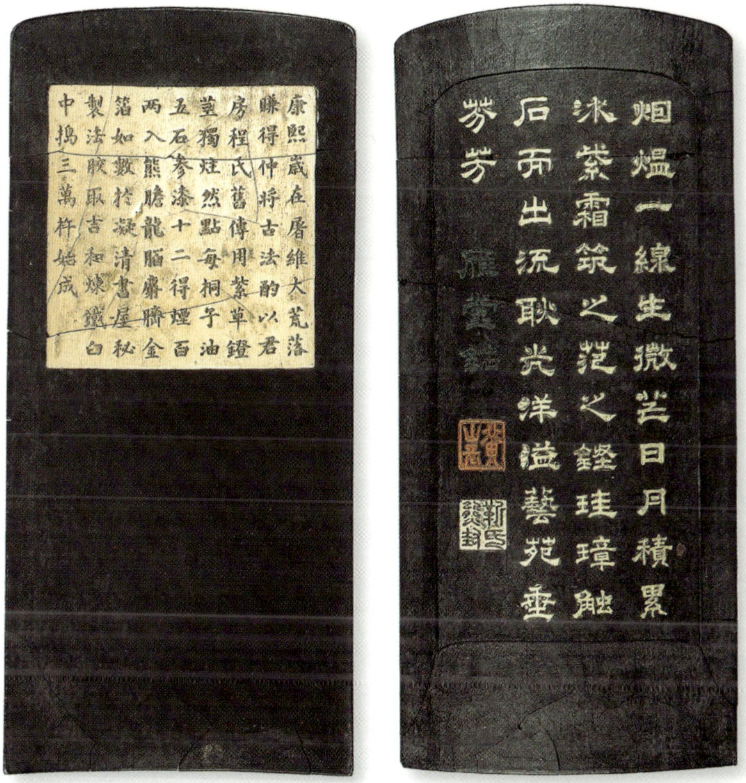

图二　靳治荆墨

覆瓦型，正面写“康熙岁在屠维大荒落购得仲将古法酌以君房程氏旧传用紫草镫茎独炷燃点每桐子油五石参漆十二得烟百两入熊胆龙脑麝脐金箔如数于凝清书屋秘制法取吉和炼铁臼中捣三万杵始成”，背面写“烟煴一线生微芒日月积累沐紫霜筑之范之铿珪璋触石而出流耿光洋溢艺苑垂芬芳　雁堂铭”，方印“黄山长”“靳氏熊封”。

18.6×8.5×1.9 厘米，484 克。

康熙皇帝有一年下江南并视察河道时，曾召见靳治齐并赐诗给他，为珍藏皇上赐的诗，他在家设置了赐诗堂，并订制了“赐诗堂珍藏”墨作为纪念。（见《墨客列传》第五章“皇恩浩荡的墨”）

当时的人似乎比较理性厚道些，不像现代人动不动就凭着个人情绪，随便为别人戴上“汉奸”“直升机”“空降部队”等嘲弄贬抑的帽子。因此这些被迫成为旗人的汉人，并没有受当地汉人的排斥。靳治荆的知县一当就是九年，任内还结交了许多明朝遗老，如被明朝末代皇帝崇祯称为“忠臣孤子”，誓不任清朝官员的黄宗羲，就曾应他之邀去游黄山，并且帮过世的靳父写传文纪念，显示两人的深厚交情。

靳治荆因地利之便，留下不少墨。图二就是其中一锭，墨的背面是他对墨的诗赞，正面则叙述他在购得三国时代曹魏大臣韦仲将的制墨古法后，用桐子油、漆、熊胆、龙脑[①]、麝香、金箔等材料制作这锭墨，言下之意颇为自豪。只是全文的第一句话“康熙岁在屠维大荒落”，表示这锭墨制于康熙的“屠维大荒落”年，好奇怪的年份表示法。

原来，这是一种古老的太岁纪年法，来自古人天文学上的岁星观念。但后来发现这种观念有瑕疵，不够精确，就被天干地支纪年法所取代。然而许多文人或许想显露自己的博学好古，还是不时地会引用这样的纪年方式。这里的“屠维”和“大荒落”，分别对应天干地支中的“己”和“巳”，说明这锭墨是康熙二十八年（1689）所制。

奴才送给王爷的墨

再来看一锭直王府书画墨（图三）。这锭墨是康熙四十二年（1703）制

① 或称“冰片”，采自常绿大乔木龙脑香，由其树脂加工而得。

作，由徽州府婺源县的知县（县长）蒋国祚监制送进直王府的。墨的质量不错，但令人好奇的是，知县跟王爷的差距有着天壤之别，彼此在职务上也没有隶属关系。蒋国祚为什么要送墨给直王爷呢？

我们先来探一下直王爷的底。这位直王爷是康熙皇帝的长子胤禔，在康熙三十七年四月被封为多罗直郡王①，当时年仅 26 岁。由于郡王在所有的封爵中，仅次于亲王（通常保留给皇帝的兄弟），而他又是康熙的二十多个活下来的皇子中，最早一批封王的，显然让他意气风发。

只是胤禔一生下来，命运就给了他幸与不幸。幸运的是，他虽是康熙的第五个儿子，但前面四位还在吃奶时就死了，于是他成了皇长子，有着特殊的地位；遗憾的是，他的母亲不是正宫皇后，而皇后却在两年后生下弟弟胤礽，而且因为是嫡出，在一岁半时就被立为皇太子，造成他这位皇长子大不幸，只能靠边站。

胤禔聪明能干，曾两度随康熙皇帝出征准噶尔，可能是在军中表现还不错，叛乱平定后受封直郡王，代表康熙皇帝对他的褒奖和信任。然而不知是否因此搅动了他内心中对皇太子地位的非分之想？

偏偏皇太子胤礽不争气，也可能是当得太久了不耐烦，有些奇奇怪怪的举动让康熙皇帝不爽，警觉可能出乱，就下令把太子废掉，这可大大地鼓励了胤禔。只是他没抓准康熙皇帝的想法，竟然跟康熙皇帝说，若要除去太子的话，可不劳皇帝自己动手，言下之意是他可代劳。康熙皇帝大怒，说他不念手足之情，加上有人告发说太子的怪异举止，乃是他叫西藏喇嘛做法所致，更火上添油。

于是康熙皇帝就认为他是乱臣贼子，下令剥夺他的郡王爵，然后在府第高墙内幽禁起来，这时他才 37 岁，正当壮年！郡王仅仅当了十一年，随之而来的幽禁却长达二十六年，连雍正当皇帝后也不放他这位哥哥出来，

---

① 多罗，是满语的称美之辞，相当于“理”字，常冠于爵位之前。

图三　直王府书画墨

正面写墨名，印“清赏”；背面镂双龙顶珠；

两侧分写“康熙癸未仲冬朔旦”及“江南徽州府婺源县知县蒋国祚监制”。

9.5×2.2×0.9 厘米，32 克。

直到雍正十二年才死，终年 63 岁。可怜啊，不幸生在帝王家。

这锭墨制作于他还春风得意的时候。当胤禔被封为直郡王时，也获封镶蓝旗的旗籍，成为领导。婺源知县蒋国祚属镶蓝旗，而且以他汉人的出身，很可能被编入直王府当家奴，换句话说，蒋国祚在胤禔面前是有可能自称奴才的，因此蒋国祚要表示对主子的恭顺而送上此墨。在当时，“奴才”两个字并不代表卑下，反而显示他跟主人家的亲密关系，外人即使想拍马屁也不够资格。

写上满文的墨

前两锭墨都是旗人中的汉人所制。而正宗旗人的满人当然也不落后，这锭具有特色的福禄墨（图四），恰是代表。

称它为福禄墨，是因为墨的主人名叫福禄，他的书斋名为“兰谷定堂”，多么有意味的名字！他是镶白旗籍，但没留下什么显赫事功。此墨制作的乾隆四十二年（1777），他即将交卸徽州府通判（地方行政长官的副官）正六品的官职，此后就不见踪迹，看来辜负他有福有禄的大名。所幸他在墨的两侧写上满文，这非常少见，也为这锭墨制造出亮点。而他会这样做，应与他的专长有关。

原来他出身笔帖式，也就是现代所谓的文书官或翻译官，是清朝之前各朝代都少见的官职。这是因为在清军入主中原后，处处防着被汉人同化，就连文字上也如此考虑。于是要求官方文书上必须满汉文并列，导致各衙门里都得设置通满汉文的翻译。从另一方面来讲，这也等于为满人设了个保障官职，因为当时一般汉人是没有门路去学满文的。

笔帖式不是正途科举出身，但发展却不容小觑。和珅的弟弟和琳，就从笔帖式快速升到工部尚书、四川总督等高官。虽然是因和珅受乾隆皇帝

图四　福禄墨

正面写“兰谷定堂家藏”，背写“乾隆丁酉年制”，两侧皆满文，顶写“顶烟”。
10.5×1.6×1.6 厘米，40 克。

赏识，连带分享到一些优待，但也代表笔帖式的出身在清朝并没有受到太大的限制。例如慈禧太后的父亲，也是由笔帖式逐步升至道员（省辖厅级官员），可惜他早死，没能沾上女儿的光。

福禄的满文功力看来很高，因为他这锭墨上写的满文，到民国后竟没什么人认得。若从他本身的官职来分析，有可能是墨上面所写汉文的翻译。

以满人身份为傲的墨

公务机关里，从科员升到封疆大吏的省长、总督，要花多少时间？如果没有特殊才华和机遇，恐怕一辈子都别想。这只能叹自己生不逢时！因为若生为清朝旗人，成功的概率就大多了。来看这锭“满洲裕寿山家藏”墨（图五），主人正是从等同科员的笔帖式起家。

裕禄（号寿山）是正白旗籍，也就是归皇帝亲自统率的旗人。因此，来自皇上关爱的眼神想必多些。他 15 岁时进刑部担任笔帖式，随后在北京几个衙门历练差不多十年，不知有什么功劳，就外放安徽省当第三把手的按察使，同时代理第二把手的布政使。过两年又代理第一把手的巡抚，随即获得真除（由代理转为实授之意）。这时他才 30 岁，已跻身封疆大吏，可谓英雄出少年。他虽然在此任上待了十三年，但其间曾代理两江总督、湖广总督、湖北巡抚等显赫要职，显然清廷有意栽培他，为他的日后高升重用打基础。

果然其后又十三年，在历经总督、将军、军机大臣、尚书等多项内外重任后，55 岁的他当上总督里的首席，也就是直隶总督。相较之下，在他之前以进士出身，一手建立湘军，浴血苦战太平天国，终于挽救清朝统治地位的曾国藩，却直到 58 岁才被任命为直隶总督。有天理吗？

仕途上一帆风顺，常意味着没经过好好历练。果然，就在位高权重的

图五　裕禄墨

正面“满洲裕寿山家藏”；背面镌梅花两枝，左上书“南湖外史杨伯润写于海上”；
两侧分题“庚申年”“琅贤氏制”；顶写“超漆烟”。
10.8×3×1.1 厘米，60 克。

当下，他踢到义和团加八国联军这块“铁板”！厚重铁板的反作用力，甚至让他家破人亡。

义和团在山东受到袁世凯的残酷镇压后，进入裕禄的直隶辖区。他先取缔镇压，但在体察上意后，发觉慈禧太后及许多权贵对义和团有好感，赶快反过来结交他们，提供粮饷军械，并谎报他们战胜联军，充分显露投机取巧的个性。最后联军占领天津一带，义和团首领卷饷潜逃，清军将领聂士成血战不敌阵亡后，他才畏罪服药自杀。他的儿子当时在北京当国子监祭酒，也在联军进北京时带着太太和长嫂自杀。总算为全家留下一点好名声。

裕禄制作此墨是在咸丰九年（1859），当时担任笔帖式才两年。他在墨上直接冠以“满洲”两字，表现出他以身为满人为荣，显然深懂当时掌权者忧虑汉人崛起之心，从此为自己铺了条康庄大道。只是靠揣摩上意起家，碰到真正大问题可就束手无策了，裕禄的经历恰恰证明了这一点。

他还在光绪二年（1876）及光绪六年（1880），以同样款式的“万年红”朱砂墨进贡，为什么不改变式样？是偷懒省事还是江郎才尽？总之都显示出他的能力有限。

学汉人的满人墨

上文两锭墨都明显地标示出这是满人的墨，有强调他们的身份地位与众不同之意。但并不是所有满人的墨都会如此。因为另有一些旗人，不知是否有心处处向往融入汉人，连委托制作的墨也如此。譬如同治光绪年间担任安徽布政使的绍诚墨（图六），就完全像汉人制的。

绍诚是镶黄旗籍，字葛民，号云龙旧衲。从字号可以看出他的汉学造诣颇高。因为“葛民”两字出自陶渊明《五柳先生传》的“葛天氏之民”，指的是像生活在上古淳朴社会中的人；而“云龙旧衲”又暗喻他向往做个遁世的和尚，真有点陶渊明“归去来兮”的味道！

不知是不是清廷对他这样的心境不爽？总之绍诚的官场生涯乏善可陈。论资格，他比上面提到的裕禄早当上安徽布政使；论身份，他的镶黄旗籍和皇帝相同，绝对不输裕禄的正白旗。但无论在官方还是在民间的记载里，他的资料都少得可怜，不像裕禄一般，唾手可得。

这锭墨制于光绪元年（1875），是他在安徽布政使任上的最后一年。由于墨上明白写出他的官衔“方伯”，所以这锭墨有可能是他的同仁属下为欢送他所制赠的。他被调任湖北按察使，就官阶而言，是被降职了。到任后他曾为武昌黄鹤楼的太白堂（为纪念李白曾至黄鹤楼所建，废弃后原址现改建为搁笔亭）题对联：“近仙人居，且慢吟风弄月；此高会地，何分清圣浊贤。”其他事迹不详。

之后他的从政之路晦暗不明，只晓得在光绪十四年（1888），他为了去北京叙职，曾经路过登上河南浚县的大伾山，并留下墨宝。大伾山阳明书院“到此心清”坊的柱子上，有他题写的对联：“瘦黄穿石窍，古蔓络松身”；崖壁上也写有：“岩前炼石云为质，槛外流泉月有声”。而他当时仍是湖北按察使吗？还是另有他职？均查无所得。时至今日古董拍卖会上，偶尔会出现他的条幅字画，价格往往不菲。看来他的艺术造诣比做官要来得高，这些又岂是做大官的裕禄所能比的？

绍诚喜订制墨自用和送人。他在同治年间，曾自制一锭三百端溪砚斋书画墨，显示他所收藏的端砚竟达三百方之多；又有锭著书拜疏之墨，署名“葛民持赠”，应该是在一般社交上作伴手礼之用。梁启超的外孙女曾经捐赠梁启超所藏的一锭墨给天津市梁启超纪念馆，墨上镂有乾隆皇帝题的《棉花图》之一的“布浆图”，是绍诚代理安徽巡抚时进贡的。

图六　绍诚墨

正面“葛民方伯吟诗作画之墨”，背面“光绪元年乙亥孟夏选烟”，

侧“徽州休城胡开文造”，顶写“五石顶烟”。

14.8×3.2×1.4 厘米，96 克。

死于安乐

墨上可见的旗人不胜枚举，其他如嘉庆年间历任总督、尚书等职的铁保属正黄旗，有“铁保梅菴氏书画墨”；历任按察使、布政使、新疆叶尔羌办事大臣、哈密办事大臣的敦良是正红旗人，有“宝鸿堂”“紫雪轩”墨，他的父亲担任闽浙总督时，曾因台湾地区爆发林爽文事件，被处绞刑，却丝毫没有妨碍他的仕途；道光年间炙手可热的权臣穆彰阿（慧眼赏识提拔曾国藩者）是镶蓝旗籍，有“鹤舫注书之墨”；接替林则徐担任两广总督、却擅自与英军签订《穿鼻草约》割让香港，而遭革职的琦善是正红旗，有“静菴选烟”墨；接战太平天国军、捻军立功，官至安徽巡抚、两广总督的英翰，属正红旗，有“萨尔图氏家塾”墨，显然旗人喜欢写有自己名号的墨。如此为墨业的发展增添动力，更彰显出旗人对墨的喜爱。

只是旗人身为清朝的最主要功臣，享有朝廷的优渥待遇，衣食住行样样都被照顾得无微不至，长时间下来，养成不事生产、不喜劳动的习性。于是，“旗人”逐渐成为纨绔子弟的代名词：吃喝玩乐、声色犬马无样不精。最后的结果是，辛亥革命爆发时，八旗子弟没人能挥一刀，没人敢放一枪。连为清朝殉节的都找不到几个，可悲啊可悲！之后，有办法的旗人躲到租界里去做寓公，其余的只能作鸟兽散，成为社会的残渣与负担。

“生于忧患，死于安乐”，真是颠扑不破的真理，旗人的下场就是明证。而近年来身为欧盟成员、却濒临破产要求纾困的希腊，更是活生生的例子。

第十章

来上“公民课”

——品格

10

Chapter

墨上面的题材五花八门，有歌功颂德、抒发情怀，有缅怀往事、风花雪月，也有天文星象、山川鸟兽、古圣先贤、诗词歌赋……不过，用墨来上公民课，施行教化，你见过吗？这类墨独树一帜，也颇有可观。

不谈大道理，做好生活小事

记不记得在《墨客列传》谈朱熹相关的墨时，讲到他写的一篇《朱子家训》？他这篇家训充满浩然正气，像“君之所贵者，仁也。臣之所贵者，忠也。父之所贵者，慈也。子之所贵者，孝也……”如果有慧根把全文看完，会发现朱老先生真够伟大，订出来的家训太崇高太浩然了，以至于现代及后代多少代都难有人做到。

譬如，“见不义之财勿取，遇合理之事则从”，道理很好。但要知道，光是“不义”和“合理”这两个词，在现代的立法院就可以吵翻天，人们不知该听谁的；又如，“人有恶，则掩之”，在现在的新闻媒体眼里，马上画个大 ×。因为很多爆料专线，都得靠扬他人之恶来炒作。如果大家都掩恶，那些媒体靠什么活啊？

所幸除了他这篇，还另有一篇他人写的、比较平易近人的《朱子家训》。如有锭朱子家训墨（图一）上面所显示：“黎明即起，洒扫庭除，要内外整洁……一粥一饭，当思来处不易；半丝半缕，恒念物力维艰……”[①]

---

① 《朱子家训》（墨上节录本）：

黎明即起，洒扫庭除，要内外整洁。既昏便息，关锁门户，必亲自检点。一粥一饭，当思来处不易。半丝半缕，恒念物力维艰。宜未雨而绸缪，毋临渴而掘井。自奉必须俭约，宴客切勿留连。器具质而洁，瓦缶胜金玉。饮食约而精，园蔬愈珍馐。勿营华屋，勿谋良田。三姑六婆，实淫盗之媒。婢美妾娇，非闺房之福。奴仆勿用俊美，妻妾切忌艳妆。祖宗虽远，祭祀不可不诚。子孙虽愚，经书不可不读。居身务期质朴，教子要有义方。勿贪意外之财，勿饮过量之酒。与肩挑贸易，毋占便宜。见贫苦亲邻，须多温恤。

谈的全是日常生活中的大小事，每个人都能实践。又强调饮食要简单，吃蔬食胜过山珍海味，相当符合现代养生观；甚至还教人不要饮酒过量。全文共 506 个字，不谈大道理，反而平易近人容易接受。

这锭朱子家训墨的尺寸不小，制作严谨。尤其涂金上彩非常绚丽，模雕细致又生动具象，再加上烟质上好，值得细观欣赏。

此篇《朱子家训》的作者是明朝的朱柏庐，晚朱熹约四百年。清军入关时他还不到 30 岁，于是选择终身读书写文章而不求官。他著作不少，但流传下来的以这篇最有名。家训以修身、齐家为诉求，思想并不复杂，教人从小处做起。若依现代社会情况加以改写，应该是篇还不错的公民道德教材。

只是这锭墨上有个大错，泄漏了它绝非程君房的原创，而是后人无中生有的作品。因为天启元年是公元 1621 年（天启是明朝第十五位皇帝熹宗的年号），而朱柏庐生于 1617 年，天启元年时才 4 岁。因此，在天启元年制的墨，怎么可能刻上他在多少年后才写的《朱子家训》？况且程君房极有可能于 1620 年时已过世，后人冒名伪制却不做功课，该打。其实这锭墨本身质量不错，有必要冒他人之名吗？

最早的儿童启蒙书——千字文

《千字文》是一本教小朋友认字启蒙的书。它的来源很有趣。话说晋朝王羲之的书法太好了，大家都想让小孩跟着学，但苦无良策。到了晚他

（接上页）刻薄成家，理无久享。伦常乖舛，立见消亡。兄弟叔侄，须多分润寡。长幼内外，宜法肃辞严。听妇言，乖骨肉，岂是丈夫。重资财，薄父母，不成人子。嫁女择佳婿，毋索重聘。娶媳求淑女，毋计厚奁。见富贵而生谗容者，最可耻。遇贫穷而作骄态者，贱莫甚。居家戒争讼，讼则终凶。处世戒多言，言多必失……守分安命，顺时听天。为人若此，庶乎近焉。

图一 朱子家训墨

正背面有粗框，四角内缩。正面节录《朱子家训》，共十一行 313 个字；背镂两位读书人在户外敞轩中谈天，远处楼台垂柳隔水相望，近则奇石红叶松鹤作伴；侧边写“天启元年程君房制”。

24.6×14.4×2.2 厘米，752 克。

一百多年的南北朝时期，有位梁武帝想了个办法，他叫大臣把王羲之书信里的字分别拓下来，相同的字只取一个，每纸一字，这样就能一个字一个字拿来教皇室亲贵的小孩，既学认字又学书法。

果然这方法让老师容易教，学生容易学。只是没过多久，就有人反映教的字多了以后，学生会觉得杂乱无章，难以为继。梁武帝有点伤脑筋，但能靠权谋当上皇帝的他毕竟智商不低，突然想到如果把这些不相同的字编成文章，让学生能念能诵朗朗上口，岂不妙哉？

于是，他召来一位很会写文章的大臣周兴嗣，要他把这些字，编成一千字的文章，每个字都只能用一次，而且句子要好记易懂。（可能还说了："编不出来的话，小心你的脑袋！"）

周兴嗣回到家，挑灯夜战不敢懈怠，但文采非凡，终于圆满达成任务。然而隔天房门打开时，家人都吓一大跳，因为他的胡须和头发全变白了。

从此这四个字一句的《千字文》："天地玄黄、宇宙洪荒、日月盈昃、辰宿列张、寒来暑往、秋收冬藏……"就成为直到民国初年这一千多年来华夏学童的必读书目，也是世界公认使用最久的儿童启蒙书。其他同类如《三字经》《百家姓》《千家诗》（四本书合称"三百千千"），都是北宋以后才出现的，足足比它晚了约五百年。现在市面上还有《千字文》的书帖，说是王羲之的七世孙智永和尚所写。虽不再负启蒙幼童之功用，却往往是学毛笔字书法临摹的范本。

来看这锭屋瓦形状的墨（图二），墨上有冰裂细纹，光润黝黑，古意盎然。墨上的印章"文华"二字，是乾隆年间在徽州婺源的知名制墨家詹大有的墨肆斋名，他的产品畅销全国，甚至远到日本。

墨上面的"上和下睦""夫唱妇随，外受傅训"，是从《千字文》内撷取出来的。意思是：长辈和小辈要和睦相处；夫妻要一唱一随，协调和谐；出门在外时，要听从师长的教诲。虽不是什么大道理，但若想要日常

图二　上和下睦墨

屋瓦形，正面墨名，背写“夫唱妇随　外受傅训”，印“文华”，
两侧分写“乾隆甲子年造”“徽州詹大有制”。
16.8×6.5×1.8 厘米，278 克。

生活多些安和乐利，却非常受用。

兄弟友爱，读书争气

古代中国经历了相当长时间的农业社会，凡事多靠人力兽力，因此希望家里人丁兴旺，多些人干活。但是家里兄弟多了，却又怕不能同心协力，谁吃亏、家长对待谁不公平，就老是吵着要分家。再者人多的时候，朝廷摊派的赋税和劳役会跟着变重。努力积了些银子，则有可能因目标显著被所谓的“黑道白道”盯上。因此子孙里若不能出几个有科举功名的，那就等着当肥羊被宰吧！

在这种既希望家中兄弟同心协力撑起家业，又希望子孙向学，好提高家族地位的心理的促使下，《千字文》里就叮咛兄弟间要友爱，因为同受父母血气，有如树枝相连（孔怀兄弟，同气连枝）；在《朱子家训》里则提到一定要让孩子读书（子孙虽愚，经书不可不读）。

这样的心态，也记录在荆树砚田墨（图三）上。它的正面有两句话，第一句“荆树有华兄弟乐”，说的是汉朝的感人故事：当时田真兄弟三人要分家，大致分妥后，剩下屋外家人时常在下乘凉的紫荆树，于是约好隔天来把它锯掉，好分成三份。没想到第二天来到树下，却发现紫荆树已枯死，好像在悲叹自己的命运，也像在发出无言的抗议。三兄弟非常惭愧，悔悟之下抱头痛哭，不再分家。一夜过后打开大门，竟然看到紫荆树又活了过来，为此三兄弟十分庆幸做对了。

第二句“砚田无税子孙耕”，是把在砚台上磨墨（指读书写字）比喻成耕田。但像这一类“耕耘”，除了在体力上比较轻松外，与一般耕田相比还有个更大的好处，就是它没有任何附带而来的田赋地税。投入成本低却可能回报更多，所以更要鼓励子孙多读书多耕砚田。

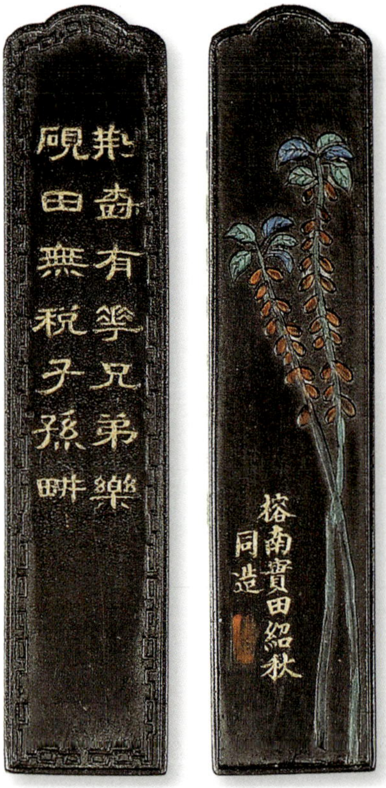

图三　荆树砚田墨

正面有回纹细边框，内写“荆树有华兄弟乐　砚田无税子孙耕”；

背面镂两茎敷彩的花树，左下写“榕南实田绍秋同造”；侧边“徽州休城胡开文制”；顶端“五石顶烟”。

10×2×1 厘米，24 克。

以前在民间所贴的对联上，常可见到这两句话，大家互相砥砺，也塑造了良好的社会风气。至于署名同造此墨的田绍秋和榕南实两位，想来不是兄弟，不知他们为什么合起来造这锭墨。

悠游书海，自得其乐

古人向学读书，图的是什么？现代的刻板印象里，当然是要在科举考试中夺魁，从此光宗耀祖，出将入相，衣锦还乡。所谓“万般皆下品，唯有读书高”，尤其宋真宗写下有名的《励学篇》：

富家不用买良田，书中自有千钟粟；
安居不用架高楼，书中自有黄金屋；
娶妻莫恨无良媒，书中自有颜如玉；
出门莫恨无人随，书中车马多如簇；
男儿欲遂平生志，五经勤向窗前读。

此后，读书就等同升官发财。这种价值观，到现在都还没消失。

然而也不是所有的人都这么功利，前面提过的《朱子家训》里就说：“读书志在圣贤，非徒科第”。而晚唐时“文起八代之衰”的韩愈有篇《进学解》，鼓励向学，文章里说：“沉浸在如同醇厚美酒般的典籍中，咀嚼品味它们的菁华，写出来的文章，堆满一屋子（沉浸醲郁，含英咀华，作为文章，其书满家）。”这几句话点出了读书的更高一层乐趣，也就是涵泳于书海中，书写文章抒发内心想法，悠然自得，与世无争。这时会有种何必羡慕做皇帝（帝力于我何有哉）的感受！是不是？

这锭其书满家墨（图四），正是借用韩愈的文辞，来鼓励用墨人多读书

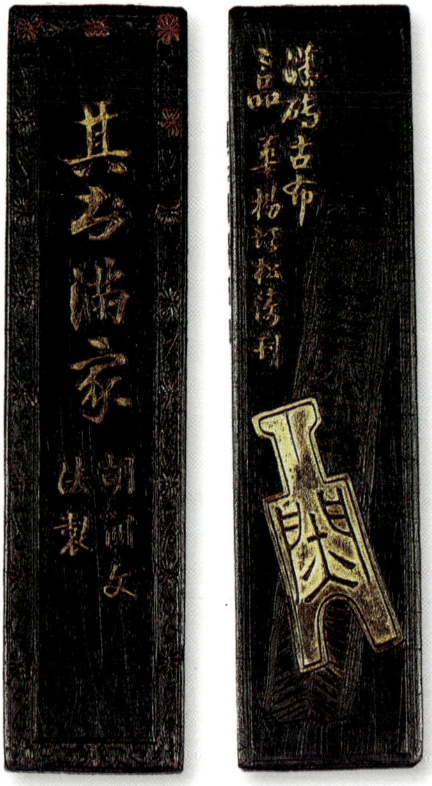

图四　其书满家墨

正面有菊花和螭纹相间隔的美丽边饰，中写墨名，下“胡开文法制”；
背镌汉砖古钱，左上行草“汉砖古布之品　华扬胡松涛刊”；
侧写“查二妙堂友记”；顶“超漆烟”。
10×2.5×1.1 厘米，36 克。

多著述。不过妙的是它背面的题字和图案，镌刻一枚汉砖古钱。好像在暗示不要忽视读书的附带收获。可见传统世俗观念已深植人心。

此墨另外还有个特点，就是它上面写出两家墨肆及雕刻墨模者的名字。墨肆之一的胡开文，大家很熟，另一家查二妙堂友记，是道光年间兴起的查二妙堂的后代。在造这锭墨时，想必本身已弱，所以得委托同乡胡开文代工，才会在墨上出现两家之名。墨模大概是在民国初年所刻，操刀的胡松涛，跟着他的父亲胡国宾学艺有成。在前面《凡我出品，必挂保证》一文中，曾介绍过胡国宾是其中良玉精金墨的刻模者，他曾为胡适结婚时的新房门板雕刻兰花草之事。胡松涛是他长子，技艺最精，可惜英年早逝，没有太多发挥。

悬崖急勒马

读书人十年寒窗无人问，一举成名天下知，当官后接触到花花世界，又手握权柄，要能不动心、不顺手拿点好处，可得有极大的定力和羞耻心才行。而在千钧一发就要失足的当下，若有句警惕的话出现在眼前，他可能就会悬崖勒马，回归正路。接下来的不贪为宝墨（图五），似乎是为了这样的功能而制。

这两锭墨中的第一锭，是位从湖北江夏来的郑姓官员在皖（安徽）工作时向胡咏文墨肆所订制。墨上的“不贪为宝”是在警惕用墨的人，凡事不可贪得。第二锭墨则是曹圣文墨肆的市售品，装饰图案多些，背面写的“不贪为宝藏龙珠”，不知为何比第一锭多“藏龙珠”三个字。胡咏文和曹圣文都是比较少见的小墨肆，墨的质量一般。

不贪为宝，表示以不贪为崇高可贵，也表示廉洁奉公。这背后有个很老的故事，出自于春秋时期的《左传》：宋国有位乡下人得到一块宝玉，想献给大官子罕，却被拒绝。献玉者很惊讶地说：“这块玉世上少有，你怎么

图五　不贪为宝墨

左墨正面写墨名，背写“江夏郑氏吏皖时制墨”，侧写“徽州胡咏文制”，顶“五石顶烟”。
右墨正面写“不贪为宝藏龙珠”，背写曹圣文制，
侧写“民国五年”。
两锭墨尺寸相当，9.1×2.3×1.1 厘米，34 克。

不要？”子罕回答：“我以不贪为宝，你却是以玉为宝。如果你把玉给我，那会让我们俩都各失其宝，所以我不接受。这样才能让我们俩各得其宝。”

子罕说得真好，轻轻松松就回绝了对方，还不伤颜面。我们可以想象，若是朱熹碰到这种事会怎么说呢？一定是义正词严、疾言厉色地把对方斥退吧！

为人处世金句

“三百千千”问世后，到了明朝晚年，江南工商发达、社会繁华，出版业随之蓬勃兴起。儿童启蒙书的出版也不例外，又增加《增广昔时贤文》和《幼学琼林》这两本书流传至今。前书的原始作者已不可考，后书也有不同作者的争论，但都无损两书的普及。人称“读了增广会说话，读了幼学走天下”，可见其影响之巨。

这锭笔筒状的墨（图六），即是用《增广昔时贤文》当主题，在四个立面写上部分内文的三百多字[①]。由照片可看出，笔筒的两个窄面凸出，宽面则内凹，要在有弧度的墨模面上雕刻出这么多工整的字，功夫绝对比前面

---

① 《增广昔时贤文》（墨上节录本）：
观今宜鉴古，无古不成今。钱财如粪土，仁义值千金。读书须用意，一字值千金。
酒逢知己饮，诗向会人吟。近水知鱼性，近山识鸟音。若要人不知，除非己莫为。
万般皆下品，唯有读书高。欲求生富贵，须下死工夫。用人取其长，教人责其短。
打人莫伤脸，骂人莫揭短。同君一席话，胜读十年书。人非善不交，物非义不取。
人见白头嗔，我见白头喜。多少少年亡，不到白头死。好事不出门，恶事传千里。
路遥知马力，事久见人心。相见易得好，久住难为人。莫信直中直，须防仁不仁。
来说是非者，便是是非人。人无千日好，花无百日红。人善被人欺，马善被人骑。
少年不努力，老大徒伤悲。百年容易过，青春不再来。万恶淫为首，百善孝为先。
富人思来年，穷人顾眼前。忙中多错是，醉后吐真言。由俭入奢易，由奢入俭难。
少成若天性，习惯成自然。有书真富贵，无事小神仙。国清才子贵，家富小儿骄。
宁向直中取，不可曲中求。

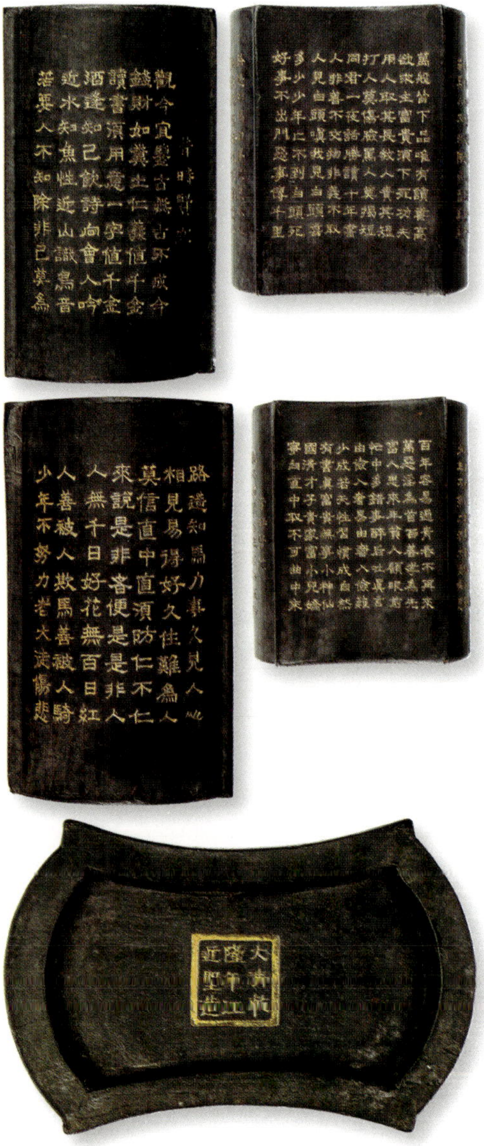

图六　昔时贤文墨

笔筒型，四面写“昔时贤文观今宜鉴古无古不成今……”共314字，
底印“大清乾隆年汪近圣造”。
13.3×12×8厘米，958克。

“朱子家训”墨里的五百多字来得辛苦。墨质不是顶好，却也坚挺有力，显现朴实厚重的沉稳感，制墨的汪近圣墨肆毕竟有一套。

从墨上可看到许多常见的文句，如：“若要人不知，除非己莫为”“好事不出门，恶事传千里”“路遥知马力，事久（现在都说成日久）见人心”“少年不努力，老大徒伤悲”“由俭入奢易，由奢入俭难”。原来，很多人脱口而出的处世用语，都来自《增广昔时贤文》，使它无形中成为一般人的生活公约。例如有人做坏事被发现，这时大家就会来上一句“若要人不知，除非己莫为”。时下媒体通常是报忧不报喜，一般人对这个现象就会给予“好事不出门，坏事传千里”的评价。

全篇提示为人处世之道，鼓励向学行善。它借助笔筒放在书桌上随时可见的方便，发挥潜移默化的功能。遗憾的是，由于墨身面积的限制，所刊载的仅是部分，完整的《增广昔时贤文》长多了，全文有四千字，更加精彩！

西式教育进逼，中式教育式微

古代的文史地理自然等知识，也像“公民课”一样，大锅菜似地统统编到各个启蒙书中。写成简短优美的语句，并且押韵，好念好记好背诵。很多孩童学习的时候虽不全懂，但随着年岁增长，领悟感受越来越深，这时当年强记的文句全都懂了，豁然贯通，启蒙书自有它的功效。

然而随着西方文明横扫全世界，传统教学终究走入历史。当年社会看到身穿制服、戴大盘帽的学生，步入旗帜飘扬、围墙环绕的学校，一定感受强烈，才会有墨肆以此图案制教育墨（图七）。这锭墨的制作者胡开明墨肆有一定声望，来自胡开文同一家族。

新式教育引进新的课本，从此“三百千千”、《朱子家训》和《增广昔

图七　教育墨

正面墨名，印“开明”；背镂学生着制服赴学校；侧写“徽州胡开明起首老店制”；顶端“文琳氏”。

10×2.2×1 厘米，36 克。

时贤文》等不见于书桌上。取而代之的，是类似“小猫跳，小狗叫”等，大量结合生活情境的文句。老师容易教，学生轻松学，皆大欢喜。至于对心智成长的助益到底多大？再说吧！

“公民课”的情况更是每下愈况，联考不考，老师不重视，父母溺爱，社会纵容，把学生捧成了奇怪的特殊群体。这是在引起变革的西方社会都看不到的现象。因为那里的人有深厚的基督教文化和绵密的教会及相关组织，形成稳固的社会安定力量。而我们的儒家乃至新儒家在哪儿？能重建吗？乱象，有的是呢！而像让人们上“公民课”的墨的退场，早已在西式教育挺进时就注定了。我们该为此发出几声叹息，还是冷眼旁观、无动于衷呢？

第十一章

11 Chapter

云在墨上飘

——遄飞

松下问童子，言师采药去。只在此山中，云深不知处。（唐 贾岛）

过着云深不知处的生活，是许多古人的向往，任灵魂自由自在的飞翔，让心情无拘无束的释放，朝游东海，暮息昆仑，春秋无悔，寒暑同欢。云，遮掩了众多烦恼，也飘来无穷寄托。

不过即使文人会写出“云想衣裳花想容”“云破月来花弄影”的诗句，到了要画画的时候，可就伤脑筋了。白白的云、浪漫的云、漂浮不定的云、来无影去无踪的云，该怎么画？又该怎么定位呢？

聪明的古代画家想出一种最省力也最有意境的做法，就是根本不画。云，就在画者的心里，也在看画人的心中。你想它该是什么形状、该是什么颜色，它就是什么形状、什么颜色。有如京剧里虚设的门槛、无声无息的水流。

然而到了制墨家的手上，可就难倒他们了。因为黑漆漆的墨上，若什么都没有，要教人如何去想象云彩？再者，墨上常出现的主题——龙，人们常用“云从龙”一词来形容它跟云的相依相随，而云起龙骧、云龙鱼水，又象征君臣间的互补相投。这些都是在制墨时必须要面对的。此外，徽墨最重要的原料来源——苍松，就生长在黄山的云海里，亲密依存。制墨家无法像画家一样，把云变得虚无缥缈，视而不见。

面对这样的实际问题，制墨家极有可能从玉器、青铜器、刺绣、漆器、陶瓷、木雕等多种艺术中汲取灵感，配上他们独门高超的墨模雕刻技术，终于在墨上创造出缤纷多样的云纹，具象生动、美不胜收。请准备好你的赞赏，见到喜欢的云纹时，不吝给它一声赞。

顺时针漩涡云纹：流畅如旋转陀螺

要表现云的动感，漩涡般的流转无疑是一种很好的方式。看看这锭黄

图一　黄海松心墨

两面弧形微凸，通体漩涡云纹，正面墨名，背写“仿南唐李氏采青松烟和斑龙角胶按十万杵法制”。
11×2.8×1.25 厘米，48 克。

海松心墨（图一），底面饰以大小不一的漩涡云纹，有老松树身处黄山层层云海般的意象。这些云纹，以椭圆形顺时针旋转，线条平顺流畅，如小陀螺一般。它是以松烟制成的墨，因此墨色朴实无华，不显油光，坚挺刚硬，不愧是松烟。

遗憾的是，这锭墨上没留下制墨者的信息。“黄海松心”这个墨的名字常见，胡开文等墨肆都有同名产品，推测这是个小墨肆造的，不署名较为省事。

逆时针漩涡云纹：好像许多小眼睛

图二这锭心白日斋藏墨，依然满布漩涡云纹，和图一不同的是，它大多数的漩涡纹走逆时针方向，而且中间稍低，随着线条转向外而微微升起，带点立体感。由于它是油烟墨，因此云纹微幅发光。拿着墨在光线下左右晃动，圆滚滚的云纹，好像许多小眼睛在一闪一闪地眨呀眨。

从“心白日斋”这个名称，可查知这锭墨的主人是尹耕云。猜想因他名字里有个“云”字，才在制作此墨时，特地选用云纹满地，以利耕耘（云）。进士出身的他，颇有才华，但是因个性憨直，在朝中遇事时敢言，以致得罪权贵，志向不得伸展。墨背面的“拾遗曾奏数行书”，套用杜甫的诗句。杜甫担任过拾遗（唐代言官，职掌规谏朝政缺失），曾多次尽责上书皇帝却不被采纳。因此墨上这句话，是尹耕云暗指自己像杜甫一样，有心报国却不受重视。他取“心白日”的书斋名，是自许要心如白日，燃烧自己、无事不可告人。然而却是“浮云蔽日”，多么心酸。只是在任何时代，都有像他这样被埋没受委屈的人！

制墨的胡子卿墨肆，是从胡开文家族出来自立门户的，享有盛名，这锭墨是采用五石顶烟制作。（详见本书第十二章“看不懂的古文字”）

图二　心白日斋藏墨

顶底圆弧，两面微凸，通体漩涡云纹。正面墨名，背写“拾遗曾奏数行书”，两侧分写“同治甲戌冬月”“徽州胡子卿造”，顶“五石顶烟”。

10.8×3.6×1.2 厘米，66 克。

长尾漩涡云纹：优游的小蝌蚪

几近整齐划一的漩涡云纹虽然壮观，但总是呆板了些。从个别来看固然都在旋转，但就整体的流动性来讲，却嫌不足。所幸只要花一点巧思，就能改观。

图三的羲和成步墨，从两方面把之前的漩涡云纹加以改善。首先，它把有些漩涡的尾巴拉长，并可顺着漩涡间的空隙钻出去，让画面多了些优游的小蝌蚪，有些甚至又形成另一个漩涡。如此打破了只有单个漩涡排列的刻板画面。其次，它让漩涡线条之间的墨面稍微隆起，再顺着漩涡蜿蜒起伏，展现立体效果，也创造出云纹的波动起伏。如此精巧的图案雕刻，不会出自小墨肆，加上墨本身坚挺亮黝，高贵大方，果然不负曹素功之名。

至于“羲和成步”四个字，代表了什么意思？羲和是神话传说中为太阳驾车的人，或者有时指太阳的母亲，或是上古时代观察太阳星象，制订历法的天文官。因此这四字代表太阳永不止息地运行，李白《长歌行》里有句“大力运天地，羲和无停鞭”，指天地万物随着大自然的节奏生生灭灭，然而太阳的运转却从不停止，两者意思相近。给墨取这个名字，似乎有鼓励用墨者努力向上，像羲和一样不断地迈进的意味。

流线云纹：多几分自在

天上的云毕竟多彩多姿、自然流畅，正如所谓的“行云流水”。因此光是漩涡云纹，不免过于制式且单调。此外，这种纹饰过分具象的结果，反

图三　羲和成步墨

漆边，通体漩涡（部分长尾）云纹，正面墨名下写“徽歙曹素功”，
背写“艺粟斋藏墨”，印“素功”“艺粟斋”。
12.9×1.8×1 厘米，36 克。

而拉大跟现实间的差距。所幸有些制墨人也有同感，提出了改进的想法。

图四的莲叔记事所用墨，就打破了定式，改用长短不一、形状有别、婉转流波的线条，用以表现云出岫的无心与无形。比起前三锭墨的漩涡云纹，是不是多了几分自在不拘？也透露出制墨人的不做作和与世无争？

这锭墨是松烟佳品。令人好奇的是，大部分文人在为他自己的墨取名字时，往往带有如临池、吟诗、填词、著书、书画、奏疏等字。用以表示该墨是要用在很有意义的事情上。唯独这位莲叔，淡淡地说他的墨仅供"记事所用"（至于记什么事，不得而知）。够性格吧！这位莲叔是什么样的人呢？

莲叔姓孙，徽州休宁人。家中环境好，有他读书的"红叶读书楼"，也有可住宿并观日出的"观旭楼"。他个性温和，擅长书画，喜欢交友。清朝著名的文学戏曲家俞樾，年轻时曾到观旭楼看日出，留下对联："高吸红霞，最好五更看日出；薄游黄海，曾来一夕听风声。"

莲叔没有去考功名，显示出对名利的淡泊。这锭墨是他在道光二十一年（1841）所制。十多年后太平军攻占徽州，他避难山中，不幸遇到太平军而惨死。看到这锭墨和上面含蓄的题字，是否浮现主人身具才华却低调、圆融与世无争的形象？

图五里是另外一锭流线云纹墨——一品元霜，与图四的不同之处，在于它的线条首尾较细，中间较粗，因此立体感较强，也显得更优雅生动。它是道光九年（1829）由徽州的胡学文墨肆制作的，烟质很好。

这锭墨里的流线云比较疏松，线条有长有短，有些还流动形成没封口的如意形状，综合起来或可称之为浮云。杜甫有句很有名的诗句"富贵于我如浮云"，是沿袭孔子"不义而富且贵，于我如浮云"。看来浮云就像文人口中的岁寒三友松竹梅，可用来表达高尚的情操。不知竟秀草堂主人是不是也心系浮云呢？

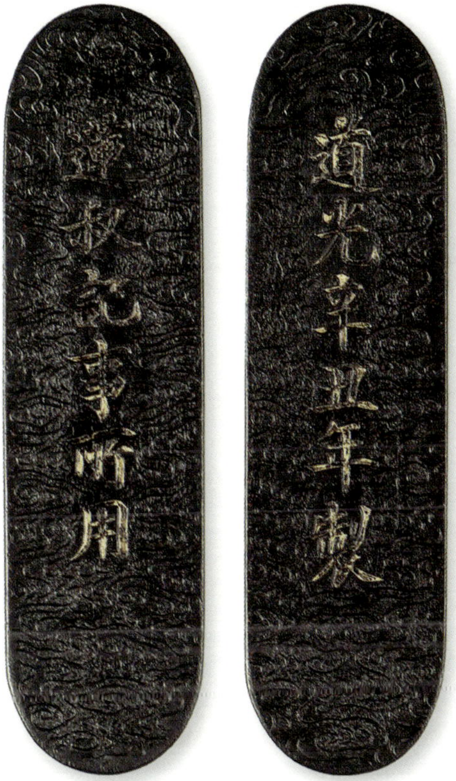

图四　莲叔记事所用墨

顶底圆弧，通体流线云纹，正面墨名，背写“道光辛丑年制”。

11×3×1.3 厘米，62 克。

图五　一品元霜墨

通体流线（部分如意形）云纹，正面墨名，背写“竞秀草堂藏烟”，
两侧分写“道光己丑徽城胡学文监造”“五石漆烟”。
11.2×2.9×1.1 厘米，66 克。

狂疾流线云纹：释放力与美

流线云纹固然带来流畅、随形、婉转、不拘，然而这种纹饰又总是给人缺少力量和气势的感觉。看不到奔腾豪放的霸气、也感觉不出野性的速度与跃动。而这些乃是气候将变时的云、风雨飘摇时的云所独有的。所谓的风虎云龙、云起龙腾、风云变色、乱石崩云，都表现出云的狂野、霸气与不羁，这是流线云纹所无法表现的。那么，制墨家有什么奇招能展现这类云呢？

这锭体型较大的"青黎阁墨宝"墨（图六），多少展现了制墨家的意图。在许多以细线条描出的滚动漩涡云纹之上，还覆盖有粗犷不拘、虬结有力的狂疾流云纹，充满霸气，恣意横行。它既像闪电，又矫若游龙，释放出力与美。好像要横扫世间不平，为英雄豪杰增添几分不羁与狂傲之气。墨身比一般看到的大出许多，恰好为这些狂野云纹提供奔放挥洒的空间。

这锭墨是鹤田先生所订制。他是浙江青田人，青黎阁是他的书斋名。他学问不错，但考运欠佳，27 岁（1799）考中举人后，再上一层的进士却屡试屡败。一直拖到道光十三年（1833）才考上，这时他已 61 岁。道光丁酉年（1837），他向徽州制墨家汪节庵订制此墨，作为他在那年告老还乡时，沿途拜访朋友的伴手礼。所以墨上出现"鹤田珍赠"字样，够风雅吧！想必对这样的一生，自己也有些感叹与不平吧。所以在挥手告别之际，借着墨身上的粗犷云纹，来一吐心中不快。

灵芝祥云纹：连皇帝也想攀附

云是属于天的，而皇帝是天子、天的儿子，因此要争当皇帝的人，若是没有美丽的云彩来加持，那可就名不正言不顺了。所以翻开史书，汉高

图六　青黎阁墨宝墨

长方柱形，各面饰粗细流线及漩涡云纹，正面墨名，
背写“道光丁酉二月歙汪节庵监制”，侧题“鹤田珍赠”。
16.5 × 3.2 × 2.7 厘米，204 克。

图七 云水研交墨

正面墨名，下写“贻训堂墨”，印“顶”“烟”；背镂流水上祥云飞升；侧边凹槽内写“洪汉东氏”。9.8×2×1 厘米，31 克。

祖刘邦、唐高祖李渊、宋太祖赵匡胤，还有太多太多非自然登基的成功者及失败者，都曾炮制他们跟五色祥云的渊源，并将其当作他们就是真命天子的依据。

图七所示的云水研交墨很有意思，它让朵朵祥云从水面升起，冉冉直上青天，优雅从容，飘荡灵动，其下水波柔顺线条细腻。而云的形状，既像盛开的百合，又像摇曳的海芋，更正确的说法是像绽放的灵芝，是典型的祥云。上下辉映，云水研交，制墨者希望以此祥和吉兆，来打动顾客的心。云水研交还有另一重象征意义，即磨墨。因古时候“研”字和“砚”字相通，而砚台上面盛水，再在上面磨墨，墨的移动就好像一团云和水交流舞动在砚台上。

灵芝被古人视为仙草，具有长生不老、起死回生的功效。民间故事《白蛇传》中，白素真（白蛇）为了救许仙，冒死远赴昆仑山偷盗的仙草，就是灵芝，许仙也果然在服后起死回生！因此，满天的灵芝云，那可是多么祥瑞的征兆啊！无怪乎想当皇帝的人都要攀附这吉祥的象征。

很明显这是锭市售墨，制作者洪汉东的墨肆名叫“贻训堂”。据周绍良的《清墨谈丛》所记载，洪汉东大概是在乾隆末期到嘉庆前期之间制墨，他的墨口碑不错，但传世品似乎不多。

钩串浮云纹：似灵芝，又像太湖石
如老藤，又像炊烟

灵芝祥云美则美矣，但毕竟稀少。大部分时间，天空中呈现的还是各式各样的浮云。浮云的形状千变万化，有句成语“白云苍狗”[1]，就是借用

① 出自杜甫的《可叹》诗：“天上浮云如白衣，斯须改变如苍狗。古往今来共一时，人生万事无不有。”

图八　光被四表墨

漆衣，正面墨名，背镂云纹，侧写“徽城汪节庵造”，顶“上顶烟”。
11.8×2.9×1 厘米，60 克。

天上浮云的变化，来比喻人世间的无常。

图八的光被四表贡墨，曾在《墨客列传》里介绍过，但没有特别强调它上面的云纹。仔细看，这丛云纹并不复杂，以简单的线条，一长串的勾连牵引，婉转优雅，摇曳生姿，缓缓上升。从局部看，有的像灵芝，有的像太湖石；从整体看，有点像千年老藤，纠结峥嵘，也像炊烟袅袅，万家升平，更像彩带飞舞，婀娜缤纷。

由此可看出制墨家的巧妙构思，以这种清新不俗的图案来装饰贡墨，不仅高贵典雅，而且寓意吉祥。纵使最后没能被皇帝采用，也足以笑傲同侪，成为爱墨人的珍赏。这锭墨是汪节庵墨肆用上好原料制作的，汪节庵被认为是清朝制墨四大家之一，果然名不虚传。

“光被四表”是用来歌颂皇帝的专用词。意谓皇帝的德泽，就像太阳光一样，覆盖四方大地。所以臣下百姓们，还不感激涕零，鞠躬尽瘁？墨背面的钩串云纹，恰如其分地衬托着“光被四表”四字。

锦绣祥云纹：云串成的金龙

祥云既然连皇帝都喜欢，又是飘在空中的无主之物，那让世间的凡夫俗子借来用用，沾点好运，也是常情，皇帝老儿该不会见怪吧？有锭紫玉光墨（图九），是民间贺喜常用的礼品墨，就是用大量的祥云来铺陈喜气的。

这些云纹断续串成四条看似金色的盘龙，在正反面的文字两旁，呈“之”字形蜿蜒上升，扶摇直上青天。云纹有漩涡型、双漩涡型，也有灵芝型、彩带型，每朵每串云都是立体浮雕，饱满结实，金光闪闪。猛一看，略有童话里通天魔豆藤蔓的意象，也如海洋动画片里的海草随波摇曳。各式云纹间有蝙蝠穿插飞舞，因为蝙蝠代表“福”，是吉祥的象征。五只蝙蝠

图九　紫玉光墨

圆柱形，正面墨名，印“胡开文”，背写“徽州老胡开文”，上下左右镂五蝠及金色云纹相衬，锦绣辉煌。高 20 厘米，直径 4 厘米，重 382 克。

有“五福临门”的寓意，加上墨的名字“紫玉光”，锦绣华贵，纵然有几分俗气，却是个讨喜的好礼品。

飞翔在云端

以上只是墨上面可见的一些云纹，其他的变化还很多。譬如有锭“湘乡曾爵宫保著书之墨”，虽与这锭紫玉光墨相近，都是徽州胡开文出品、正背面也各有五只蝙蝠，但两相比较，却会发现上面的云纹却有所不同。一方面，这锭墨上的云是空心的，不具立体感；另一方面，云也没勾串起来，任它各自飘升，因而呈现另一种含蓄的风情。此外，其他许多墨上的云纹，或者图案味重，或是采用抽象手法表现，也都各自饶富趣味，多方展露出明清制墨家的才华。

“浮云游子意，落日故人情。”今天的游子，大部分喜欢在虚拟世界里漫游，有多少会对浮云落日寄以一瞥？而在全球暖化，气候变迁的效应下，浮云落日似乎将快速成为一种奢求！不知虚拟世界里的低头游子，能否多抬头，多看看云？让闲云、浮云、流云、漩涡云、疾云、祥云等，载着你的梦想、豪气、心愿，尽情飞翔。毕竟有哪片天，哪个云端不能去？

第十二章

12 Chapter

看不懂的古文字

——遥想

文字的发明，是人类文明的重要里程碑。但在古老的东西方，却对文字有过完全不同的看法。古希腊哲学家柏拉图在《斐德罗篇》这篇对话录里有：

……如果（书写文字）这件发明得到推广，人们将不再努力记忆，反而更加善忘。他们将信任写出来的文字，只凭外在的书写想起，而不凭内在的铭刻来回忆……

这段话明显指出，文字是“外在的书写”，导致人们“不再努力记忆”，也放弃“内在的铭刻”。文字的书写，真有那么大的魅力与流毒吗？竟然连累文字的发明，遭到柏拉图的诟病。

而在中国古人眼里，文字的发明可歌可泣，是人类挥别野蛮走向文明的转折点。汉朝时的《淮南子·本经训》里说：“相传在黄帝的史官仓颉造字成功那天，白天竟然像下雨般下起了粟米，鬼则在黑夜里哭泣（昔者仓颉作书而天雨粟，鬼夜哭）。”充分表达出与柏拉图相反的看法。

为何汉字的产生会使天下起粟米，鬼在夜里哭泣？

那是因为古人认为有了文字后，民智日开，能揭开天地的奥秘，让鬼不易操弄人类，因此上天普降粟米来嘉许，而鬼只好暗自在黑夜里哭泣[①]。

当然这只是古时文人狂乱的发想，不能当真。但从中可知古人对汉字的敬畏、推崇、着迷乃至热爱。而每个汉字的意思、写法、读音、演进等，都变成一门学问。此外，古人对字的敬畏，还发展到连写了字的纸都不能随意丢弃或包裹杂物，而必须收好，最后送到惜字亭（或称敬字亭、圣迹亭等）去焚毁。

汉字既然这么伟大，那无可避免地，除了书籍、信函、文宣、招贴外，

① 唐代张彦远《历代名画记·叙画之源流》一书提到：“造化不能藏其密，故天雨粟；灵怪不能遁其形，故鬼夜哭。”

会出现在太多地方：门厅上的匾额、堂屋挂的字画、钟鼎石碑、玉器雕刻、剪纸刺绣、绳结衣饰，甚至崇山峻岭的摩崖石刻上，无所不在。汉字的外在书写形式变化，竟成为古知识分子争奇斗艳的卖弄手段。

对汉字的这份痴迷，当然也反映在墨的设计制作上。本书已介绍过的墨，没有一锭上面是没写字的。借助字，如今方能发掘出墨的订制者或制作者，再顺藤摸瓜找出相关的历史轶事。一方面赏墨，一方面怀古，偶尔诱发些文创遐想，岂不快哉？

但是当墨肆在推出新产品时，若没有名人加持，也不想花太多成本在夺目的图案设计上，就得思考如何让墨上的字扛起帮它加分的重大责任。来看些从这个角度出发，以文字的书写来担纲所制作的墨。

最早的文字——仓颉造字的墨

汉字书写体经历过多次变化，导致有些古体写法对今人来说实在难懂。然而在清朝，研究认识古字及其写法却是热门学问。因为在清朝初年的高压统治下，舞文弄墨一不小心就会犯忌讳，动辄就会因文字狱获罪。一个典型的例子，是民间传说的雍正年间的考题“维民所止”，因“维止”两字像将“雍正”去了头，出题考官因而入狱冤死。①

① 查嗣廷文字狱案详情：

雍正年间，浙江名诗人，也是现代名作家金庸先祖——查慎行的弟弟查嗣庭，以内阁学士兼礼部侍郎的身份，奉命去江西做乡试正考官。民间传说他出的作文题是“维民所止”，源出《诗经》。大意是说：国家广阔土地，都是供百姓所栖息、居住的，有爱民之意。这个题目完全合乎儒家的规范，不应该有问题。但是，雍正却在这题目上大做文章，说“维止”两字是“雍正”两字去了头，用意是要杀皇帝的头。

这下不得了，雍正下令将查嗣庭全家逮捕严办。查嗣庭受到残酷折磨后，不仅含冤死在狱中，更遭受到戮尸枭首示众之辱。连带 16 岁的儿子被判斩刑，15 岁以下的儿子及族人遭到流放。即使如此，雍正还不息怒，又下令浙江全省的读书人连坐处罚，六年不准参加举人与进士的考试。查慎行同样被牵连，奉旨带领全家进京投狱。还好后来雍正发了善心，才得以放归故乡，不久即谢世。

在这种政治环境下，研究古文字、金石之学，可就变成一个相对安全的避风港。许多大官，如历经乾隆、嘉庆、道光三朝的、宰相级的阮元，光绪年间制作铜柱墨的吴大澂等，都对古文字做过深入研究。这样一来，能认识和书写古字，无形中暗示了这个人的学问高一些。

“嗅觉”灵敏的墨肆，当然不会放过这块市场区隔，于是以古文字书写为主题的墨登场了。首先来看一锭“始制文字墨”（图一），作为印证。

这是知名墨肆曹素功的产品。在它的背面有三行像鸟的足迹似的文字，也像小孩涂鸦，无法分辨。不过这墨可不是凡品，因为在墨顶标注有“五石顶烟”四个字，说明这锭墨的烟质等级非常高①。综观它墨色黝黑、光泽照人、略带清香，是曹素功在同治十年（1861）制的好墨。

此墨的形状及墨上文字，是仿照号称始建于汉代仓颉庙内的一块“仓圣鸟迹书碑”而来。碑（墨）上刻的28个古怪的符号，相传乃是仓颉当年所造象形文字的本形。宋太宗年间编印的《淳化祕阁法帖》里，就已收录这件碑拓，因而指出这块石碑绝对是制作于公元992年之前的。但除此以外，找不出任何证据可以说明，从仓颉到立碑的漫长岁月里，这28字被记录在哪里。

这28字在宋朝时被破译为：“戊己甲乙，居首共友，所止列世，式气光名，左互乂家，受赤水尊，戈矛釜芾。”初看之下，实在不知所云。但在三十多年前，有学者好不容易用口语翻译出它的大意是：“炎黄二帝同为部落首领，他们的所作所为是天下各个小部落的楷模。后来黄帝征服炎帝并平定蚩尤之乱，天下重新恢复安宁，百姓安居乐业，黄帝成为天下部落首领”。这个考证真了不起，喜欢逢迎的人可以依此奉仓颉为祖师爷！

---

① “五石顶烟”里的“石”字要读“dàn”。程君房在《宝墨斋记》中提到他烧桐油取烟时，有“五担入石缩烟百两”的说法。也就是燃烧五百斤的桐油，浓缩出的好烟，只有百两。用这样的顶级烟，再加好的配料如：增添光泽的珍珠粉、香气扑鼻的麝香、防虫的冰片、和防腐的中药如巴豆等，以十万杵（指捣了十万次）工法制的墨，才配冠上此名。

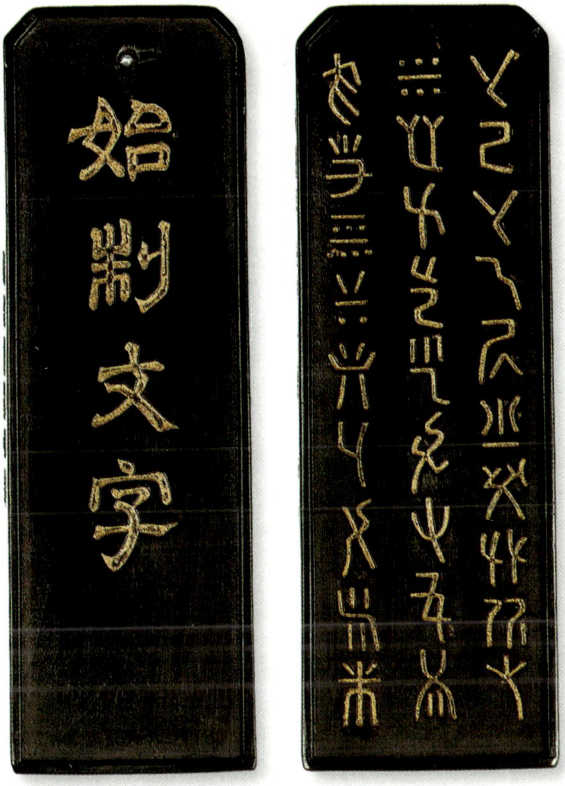

图一　始制文字墨

正面额珠下写墨名，背面三行共 28 字，
两侧分写“同治辛未年仿唐人法制”“新安曹素功造”，顶“五石顶烟”。
9.6×3.2×1.1 厘米，50 克。

能把碑上鸟迹书的28个字翻译成有模有样的文章，肯定要充满智慧与想象。尤其是翻译出来的文章，像上了一堂中华历史文化课，完全符合古代的帝国思维，可真难为翻译学者的苦心！

然而近年却有学者唱反调。他们认为破译这些古字的关键，在于寻访古文字保存最完整的地方。中原的文字已经受到太多外来的影响而发生了演变，唯一有可能保存古文字的地方，是在蚩尤后代的苗族里。他们自从蚩尤战败后，不断受到汉族的压迫，之后分成许多分支，并一直南迁。相信有些分支受到的文化污染极少，应该从这个角度去找答案。

湖南株洲工学院的古彝文专家刘志一教授经过寻访调查，提出这28字与古彝族文字很相近，可以破译为："一妖来始，界转鸦杈，祭神青脑，祸小马念，师五除扫，幡斋解果，过鼠还魂。"用口语来说是：一群妖魔刚来到，树上乌鸦满天飞；割青宰羊祭山神，念经消灾骑马归；五位经师施法术，做斋完毕魂幡回，消灭鼠精魂归位。无论是原文28字还是口语译文，读起来还都挺顺口的。

若接受此说，则碑（墨）上的28个字，实际上是在记录一次除妖作法的祭祀活动。这样想来就有趣多了，而且也更接近人世间的生活。跟之前的翻译比起来，两者相差十万八千里。谁对谁错不是本文该讨论的，就看你怎么想了。

西周的文字——籀文的墨

再看这锭"史籀（zhòu）书墨"（图二），型制跟前一锭相像，也是在前面写墨名，背面写些古怪文字。同样是曹素功在同治辛未年（1871）仿唐人的作品，质量也是最高级的五石顶烟。所以这锭墨和图一应该是同系列产品。

墨上的六个古字，还没找到任何翻译解说。只知道根据墨名，这些文字应是籀文。古书上记载：周宣王于公元前800年左右在位时，所通用的文字，是刻在金属器物上的。如钟鼎上的文字，称为金文或钟鼎文。之后有位史官叫“籀”，对金文加以改造整理，另发展出新的字体，于是这种字体又被称为籀文。在东汉许慎编写的《说文解字》中，收录有当时尚存可考的籀文220多个字，后人可作研究或加以追念。只是怎么会这么少，别的字到哪儿去了？

籀文又称大篆，是篆书（小篆）的前身，后来之所以被小篆所取代，可得归功于秦始皇。原来，秦始皇在统一六国建立帝国后，见到各国的文字不尽相同，车轮的轨距也宽窄不一，大大妨碍他的铁腕统治，于是有了“书同文，车同轨”的政策。丞相李斯在综合各国文字后，把原有的籀文加以改进颁布通行，从此中国有了官方统一的文字——小篆。籀文也就此鞠躬告退，成了死文字。这一来，到三百多年后东汉许慎编《说文解字》时，只剩下200多字的籀文可被纳入其中。

没想到已升天的籀文，因唐朝初年（627年）在陕西宝鸡出土的十个石鼓，又咸鱼人翻身重回人间。每个石鼓高约两尺、直径一尺多，上面各刻有籀文四言诗句，十鼓共计718字，用来歌颂历代秦王的功绩。这些出现在石鼓上的文字，又称石鼓文。有很多书法家因擅长临摹它们而享有盛名，其中近代书画篆刻艺术大师吴昌硕的影响最大，他的《临石鼓文》书帖，是书法界学写大小篆书的必备用品。

这锭墨有个让人疑惑的地方，就是上面的“宝墨斋”印，表明它和名叫宝墨斋的墨肆有关。但曹素功的墨肆名叫“艺粟斋”，而宝墨斋是明朝制墨大宗师程君房最先命名的，他还写过一篇《宝墨斋记》。那清朝的曹素功为什么要在这锭墨里放上宝墨斋的钤印呢？

原来“始制文字”和“史籀书”这两锭墨，都是曹素功依程君房的墨品仿制的。在刊载程君房墨样的《程氏墨苑》里就有这两锭墨，正背面的

图二　史籀书墨

正面墨名，印“宝墨斋”；两侧分写“同治辛未年仿唐人法制”“新安曹素功造”；顶“五石顶烟”。
10.5×3.1×1.2 厘米，60 克。

文字印章完全相同。只不过曹素功在墨侧面加上了他的注记，另把墨型稍做修变，以表明他是墨的实际制作者，会对其质量完全负责。这种仿他人墨品，但明白交代自己的做法，在当年的制墨业是大家都认可并接受的。

翻阅《程氏墨苑》时，发现还有名为“夏禹书”和“李斯书”的墨样。前面说过李斯创造了小篆，那大禹呢？好像历史里没有大禹造过字的讲法，留着存疑吧！另外猜想曹素功很可能也有相似于这两幅墨样的后仿之作，可惜我还无缘收集到。

比大篆还老的文字——金文的墨

曹素功是清朝四大制墨家（另三家是汪近圣、汪节庵、胡开文）之首。仿古之作仅占他墨品的一小部分。在以文字为主的墨上，可以想象他不会没有自己的创作。鼓形墨（图三）就是个代表。

这锭墨除了造型采用鼓的形状，比较少见外，其余都非常简单，朴实大方，充满古意。没有山水花草图案，也没有云状回字纹饰，单靠正面和侧边的古文字，作为吸睛点和销售的卖点。尤其在鼓腰平滑微凸的曲面上，刻写出大小匀称、微凹的流畅文字。鉴于要刻出这种墨模的困难度特别高，人们也非常佩服制此墨者工艺精湛。

墨面上到底是金文还是籀文？没深入研究实在不敢讲。只是它好像跟“史籀书墨”里的籀文有些差异，姑且给它来个金文的认定吧！对金文、籀文的差别有研究的朋友，请多指教。

遗憾的是，此墨在墨面和墨腰上的文字，不知其内容为何。或许有些个别字可以认出来，但离要知晓整体文意还差得远。尤其是墨腰的字，甚至不知该从哪一行读起。

还有个疑问，这锭墨真的是曹素功在康熙年造的吗？因为根据墨上的

图三　石鼓形墨

正面篆文（或籀文）十一行共85字，钤印“王”“视临”。底面金边大印“大清康熙年曹素功造”，6.3厘米见方。墨腰上下，饰以固定鼓皮用之涂金乳钉各三十八颗，中写金文十九行共38字。

面直径13.5厘米，腰径14厘米，厚3.5厘米，重906克。

印章，显示面上的文章是位姓王名禔的人所临摹。然而搜寻王禔却发现，在清末民初，有位金石篆刻书法家王禔（1880—1960），是篆刻界鼎鼎有名的杭州西泠印社的创始人之一。前面讲过的吴昌硕，则是西泠印社第一任社长。这位王禔精通石鼓文、金文、篆书等古书体，有很多书法作品传世。只是他再厉害，也没办法跑到康熙年去帮曹素功的墨题字。所以，这锭墨的来龙去脉，仍是疑问。

猜白了头的古字墨

并不是只有曹素功这种大墨肆才会出品有古字的墨。有些名不见经传的小墨肆，也有不落人后的活力。

这锭墨（图四）背面的甲骨文写的是什么？毫无概念。看他墨质普通，应该是学生用墨，制作年代不会早。由于认不出墨面上的大字，只好暂时用它侧边所记的“稽古堂法墨”来称呼它。这些文字究竟是不是甲骨文，还是得靠专家来指教。

造此墨的稽古堂，周绍良《清墨谈丛》中有介绍，但也只说它是休宁的墨肆，没见过它所制的墨，更不熟悉制墨者的姓氏。我们不敢肯定造这锭墨的稽古堂与周绍良说的是同一家，只是不能排除这种可能性。

还有些墨肆，也贡献了这类产品，图五里列出的四锭墨，都有些怪异书写难以辨认的字，考验你我的国学修养。

这四锭墨里，最上和其下的左右两锭，是一家名为老墨堂墨肆的产品，它的来历比稽古堂更难找，至今仍没线索。而下方中间那锭，则是广为人知的胡开文墨肆所制。除了有怪字的共同点外，它们的质量也都平平，属一般市售品，价格谅不高，销售对象应该是学生。

墨上的古字，有些较容易辨认，如左下方墨上写的，应该是鸟迹书的

图四　稽古堂法墨

正面回纹饰边，内写“？方？铭”，背面写甲骨文十三行，每行两个字，侧有“稽古堂法墨”。

9.6×2.3×1.0厘米，34克。

图五　四锭古文字墨

“人文初祖”，比始制文字墨（图一）里的仓颉字更像鸟迹；最上方的墨，细加思索，可能是“饮且食寿而康”；至于其他两锭，要猜的话，要有心理准备，会赔上几根白头发！顺便一提，这里面某锭墨的怪字是吴昌硕大师的手笔，信不信由你。

唤起汉字的创意基因

古希腊柏拉图对文字书写的发明保持警觉，不知是否影响西方社会，使西方人不再踏入文字书写的游戏，不致受限于古人的思维，继而释放出较多时间来钻研新知新科学，我们不得而知。而“他们将信任写出来的文字，只凭外在的书写想起，而不凭内在的铭刻回忆”中的“外在的书写”的魅力与流毒，却在古中国找到印证。回想中国古代读书人迷恋文字的外在书写（书体、书法），沾沾自喜于能模仿、学习、写出各种书体书法，完全忽略大好光阴已被浪掷在仿古的窠臼上，导致无暇无力也没有意愿来从事科技工艺的创新发明，却是不争事实。柏拉图，你的先知睿见终于在中国兑现。虽然结局残酷，却也不得不令人俯首。

于是在西风进逼下，中国人素来看重的文字书写，终于下台，从此不再反映一个人的德行、也不再跟各类科举考试绑在一起。字写得好，固然能加深印象，但却不是职场所必需。随着计算机的普及应用，我们对于计算机上不易见到的字体，越来越陌生。那些已告老还乡的书写方式，我们连句招呼都不会打，留给考古学家吧！只是汉字书写，你的前途在哪里？

然而就在2006年，有位瑞典籍的汉学家林西莉，出版了她中文版的《汉字的故事》，一时之间，激起反响。大家都好奇，怎么是瑞典女士来写一本这么冷门的书？没隔多久，她又出版了一本《古琴的故事》，谈到乐器在我们的生活中几乎已经绝迹！由一位外国人来唤起我们生活中遥远的空缺，不知是该高兴，还是该惭愧？

所幸之后看到国内文艺界不知是否因为受到她的启发，陆续对汉字的书写有了新的看法。有的结合时装走秀上了伸展台；有的辉映国乐加上西洋乐的演奏进了大小音乐厅；有的甚至以动漫来彰显字形美感；还有的借字形变化突出汉字的架构和各类书法艺术。

于是在故宫博物院、国家音乐厅、时装发表会，汉字不再孤零零地陪衬一旁，而是音乐、服饰、动漫等创意人的新宠。他们不仅仅是重新发表图个时髦，更希望由此唤醒人们脑海中深藏的，老祖宗千年以来处理汉字演进时，潜移默化所累积的创意基因。薪火相传，古老的汉字及其书写唯有融入时代变化和纳入现代创意，才会生生不息，源远流长。

现代创意人在从古书法中汲取变化创新灵感时，已能自由自在地超越而不被拖累，已会尝试搭配西潮来破旧立新。植根于古而不限于古，他们的持续努力，将是现代人能重振华夏文明的一股清新动力，我们且拭目以待。

第十三章

13 Chapter

与名琴套关系

——赏乐

墨与古琴，看起来是个满怪的组合，但两者在古时候都是文人生活中比较看重的用品，而古琴的地位甚至比墨还要高。原因何在？请先看个故事。

孔子推荐他的学生宓子贱到单父县（今山东单县）当县令，古书上说他经常在衙门里弹琴，从未出门下乡访察过民情，却能把县政治理得很好[①]。

故事的言下之意是，宓子贱用音乐来推行教化，净化人心，结果成效卓著。现代许多父母，希望子女成龙成凤，在孩子还小的时候就把他们送进音乐班学这学那，看来非常符合这故事的讲法，不是说“学琴的孩子不会变坏”吗？基于此，古人把能作为教化工具的琴看得比墨高，自有道理。

不过令人好奇的是，宓子贱会弹古琴，而且显然弹得还可以，是跟谁学的？是孔子吗？

很有可能。因为古书里也说，孔子曾经跟师襄（名为襄的老师）学弹古琴，而且弹得很投入，甚至在学《文王操》这首曲子时，反复练习弹奏之后，竟能从音乐中认出作曲者周文王的相貌，当真是厉害极了。

有孔子做榜样，往后的文人们大都涉猎古琴，还记得孔明以空城计吓退司马懿的大军时，在城楼上做了什么事吗？弹琴！

“竹林七贤”之一的嵇康被司马昭砍头的当下，所要求做的最后一件事情是什么？没错，也是弹琴！

诗仙李白会弹琴[②]；白居易也说要“共琴为老伴”[③]；苏东坡家中有唐朝古琴多台，他还为琴曲多次填词赋诗。有这许许多多的文人为例，无怪乎古时候文人生活中讲究的“琴棋书画”，要把琴放在第一位。

琴这么高贵，墨当然免不了攀附。于是在墨上面加些跟琴有关的素材，

---

① 《吕氏春秋》卷二十一《开春论·察贤》：“宓子贱治单父，弹鸣琴，身不下堂而单父治。”

② 李白诗《忆崔郎中宗之游南阳遗吾孔子琴，抚之潸然感旧》：“昔在南阳城，唯餐独山蕨。忆与崔宗之，白水弄素月。时过菊潭上，纵酒无休歇。泛此黄金花，颓然清歌发。 朝摧玉树，生死殊飘忽。留我孔子琴，琴存人已殁。谁传广陵散，但哭邙山骨。泉户何时明，长扫狐兔窟。”

③ 白居易诗《对琴待月》：“竹院新晴夜，松窗未卧时。共琴为老伴，与月有秋期。玉轸临风久，金波出雾迟。幽音待清景，唯是我心知。”

就成为制墨家创作构想的来源。北京故宫博物院收藏了一套清朝康熙年间由徽州王丽文制的琴式集锦墨，里面有九锭墨，其中七锭都是不同的琴式造型[①]，就连墨匣也是上漆的琴式，匣盖上有以篆书写的“但得琴中趣，何劳弦上声”，是东晋著名田园诗人陶渊明的名句，借着这一名句让琴与墨、形与声、文与质得以辉映结合，制墨家的用心，妙不可言。

这等名墨大都藏在博物馆里，难窥其堂奥，好在手边恰有些凡品，借着它们野人献曝一番它们或能传达墨与琴共舞的曼妙于万一。

音乐入诗中

唐朝诗人王维有高超的艺术素养，后人对他有“诗中有画，画中有诗”的好评。语文课本里也收录了他著名的重阳节登高的诗《九月九日忆山东兄弟》：“独在异乡为异客，每逢佳节倍思亲。遥知兄弟登高处，遍插茱萸少一人。”这首诗几乎人人都能背诵。然而你可知道，除了能诗能画，他还会弹琴？

在官场大起大落后，王维晚年隐居在陕西蓝田辋川边上的“别墅”。水绕山环，竹茂林密，常独自或与好友出游赋诗唱和，留下诗集《辋川集》。其中有首讲到弹琴：“独坐幽篁里，弹琴复长啸。深林人不知，明月来相照。”不仅诗中有画，更把音乐都融入诗中。这么好的素材，制墨人怎么能放过？

以这首诗为主题的墨（图一）的背面，忠实刻画出相对应的情境。画面中诗人盘膝坐在竹林水边，双手抚弄膝上的琴，水声琴音此起彼落，诗人从容不迫，悠然自得。上方一轮明（红）月，映照诗人，将诗人融入大

① 王丽文制琴式集锦墨：

这套琴式墨有九锭，由七锭不同琴式和两锭长方形墨组成。分别是“聚云”“蕉叶琴”“蕉尾奇材”“万壑松”“一弦琴”“宝琴”“废琴”这七锭琴式，及两锭长方形墨“凤柯流韵”和“瑶琴薰风”。各琴造型均依据《历代琴式》书中所载来仿制，墨身上大多还引用些诗句典故传说，极尽风雅，发人幽思。

图一　王维诗墨

正面诗文，后写“王摩诗句胡逸峰刻”（王维字摩诘，故此简称，胡逸峰乃墨模刻制者），
背镂诗人盘膝竹林中流水旁，双手抚琴；侧写“徽州胡开文制”。
13×2.7×1 厘米，60 克。

自然。墨上没有标示年份，说明这是锭市售墨，猜测是民国年间首制。刻制墨模的胡逸峰，可能是清末名墨模雕刻家胡国宾的后人。

孔子念旧人

前面提到孔子跟师襄学弹琴，但他学会后，有没有经常发挥所学呢？文献里多次提到他当众弹琴。有一锭“琴吟盟坛　子西沮封”墨（图二），正好表现的就是他当众弹琴的趣事。

这锭墨颇奇特，被做成了宝瓶的样子。顶底呈长方形，内部凹陷。前后两面的墨颈处，分别刻上“琴吟盟坛”和“子西沮封”的孔子事迹文。“琴吟盟坛”写的是：孔子出鲁地东城门，路过杏坛时，顺着台阶走上去。回头对子贡说：“这是以前臧文仲誓盟的杏坛，看到它，我也想起故人。”于是拿出琴来，边弹边唱：“日子像流水一般，无情地过得好快，当年的英雄现在在哪儿？只剩野草闲花满地，令人发愁啊①！”臧文仲原是鲁国的重臣，功勋卓著，当时已过世。孔子借着他的往事弹琴高歌，抒发时不我予的慨叹！（“子西沮封”②的故事与古琴无关，在此不多说）

---

① 原文参见琴吟盟坛

孔子出鲁东门，过杏坛，历阶而上。顾谓子贡曰：兹臧文仲誓盟之坛也，睹物思人。命琴而歌曰：暑往寒来春复秋，夕阳西下水东流，将军战马今何在，野草闲花满地愁。

② 子西沮封

孔子到了楚国，楚昭王想把书社（按：古制集合二十五家成为社，把社内人名登录簿册，谓之“书社”。因此书社是指按社登记入册的人口和土地）中有七百里的地方赐封给他。楚国的令尹（官名，相当于宰相）子西，认为孔子有许多贤弟子相助，若再有封地，将会不利于楚国。在他的谏说下，楚昭王打消了念头，孔子只好失望地离开楚国，再度奔波。

“琴吟盟坛”和“子西沮封”最早出现于明朝正统九年（1444）所出版的《圣迹图》木刻本内。该书可能是我国现存最早的、反映人物事迹较全的、具有故事情节的连环图画书。它从孔子母亲在尼山祷告生孔子、到孔子死后弟子为他守墓等等，以三十六幅图画把孔子的生平事迹具体描绘，可说是部形象化的简易孔子编年史。书中的孔子事迹，多来自《论语》和《史记》。它图文并茂、绘制精细、形象传神，是珍贵的历史遗产。

图二 “琴吟盟坛 子西沮封”墨

前后墨颈处，分写“琴吟盟坛”和“子西沮封”孔子事迹文；颈侧镂不同云龙；下方琴腹，镂与上文相应图；近足处镂两圈花卉纹；底端“万历甲辰年君房士芳制”。

18.3×12×8.3 厘米，1168 克。

孔子跟琴的相关事迹还不止于此。传说他常在杏坛上鼓琴教学，有一款琴的式样以他命名，就是“仲尼琴”，更传说他曾为琴作曲。只是著有《琴道》一书的荷兰汉学家高罗佩，对现存琴曲《猗兰操》是孔子的作品的说法非常怀疑，认为该曲中找不到古老旋律的特征，应该是后人假托之作。

这锭宝瓶墨虽然标注是程君房与程士芳父子在万历年所制，但还有值得怀疑之处。尤其是细看与“琴吟盟坛”搭配的图画时，发现古琴的方向摆反了。若真是程君房父子制作此墨，想来不会犯这样明显的错误。

把墨做成名琴的形状

墨上面画的琴，往往面积小而不起眼，看得吃力，显不出琴在古人心目中的高贵地位。于是明朝的制墨家汪鸿渐首开先河，把墨做成了琴的形状，这下对了古人的胃口。前面提到的故宫博物院所藏的琴式墨，就是后继之作。而此风气一开，许多制墨家都跟进，既迎合市场需要，也暗示自己不俗。试看三锭形式略异的琴式墨（图三），谨就首锭的朱砂墨多谈一些。

这锭万壑松墨小巧可爱，如同一把迷你古琴，是一锭赏玩墨，制于同治七年（1868）。墨名的“万壑松”三字颇有来历，诗仙李白的《听蜀僧濬弹琴》诗中有句“为我一挥手，如听万壑松”。[①] 全诗大意为：四川僧人濬，怀抱绿绮琴走下峨眉山。他挥手为我弹奏，琴声激荡，像千山万壑的松涛奔腾。使做客的我内心有如经过流水洗涤般，分外清新，余音伴着钟声在霜林中久久回响。忘情的我静心倾听，竟不觉青山已经充满暮色，眼前尽

① 李白诗《听蜀僧・弹琴》：“蜀僧抱绿绮，西下峨眉峰。为我一挥手，如听万壑松。客心洗流水，余响入霜钟。不觉碧山暮，秋云暗几重。”

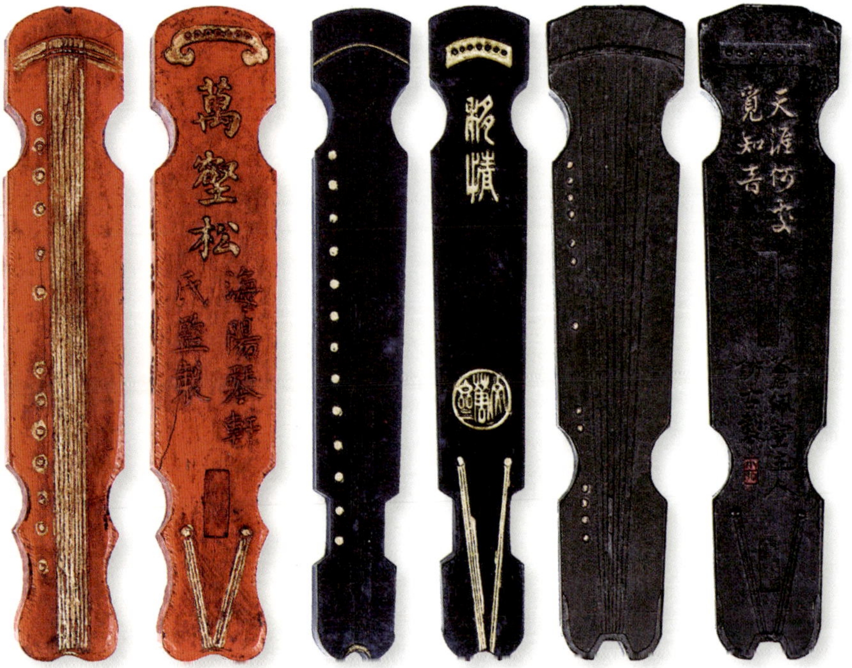

图二　万壑松琴式墨等

左墨正面镂琴面，背写“万壑松海阳琴轩氏监制”，侧边“同治戊辰”。

8.5×1.6×1.1 厘米，54 克。

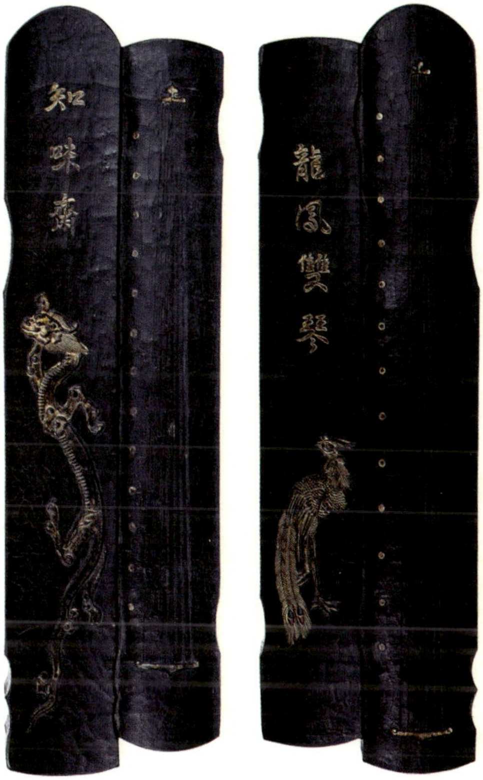

图四　龙凤双琴墨

两锭墨上均镂七条琴弦，及标明琴弦音位的十三个琴徽。两侧分写“大清光绪年制”“知味斋珍藏”。
龙墨 26×3.9×2.2 厘米，凤墨 23.8×3.5×2.2 厘米，全墨 582 克。

是重重逼人的秋天暗云！

诗里提到的四川僧人濬怀抱的绿绮琴，历史上很有名，曾经是汉朝出色的文学家兼古琴演奏家司马相如所有。司马相如借着它弹了曲《凤求凰》，成功打动了新寡的富家女卓文君，并留下“文君当炉”的佳话。而“万壑松”三字在诗里也别有含意，古代琴书中记载，唐朝知名制琴家雷威的作品之一，就叫“万壑松”，而雷威的作坊恰恰就在峨眉山！这不禁让人遐想，李白是否在之前曾见到过，甚至弹过雷威的万壑松古琴？

现今北京故宫收藏的万壑松古琴，是宋朝时所制。琴长128.5厘米，涂黑漆，琴腹上已出现许多牛毛断纹。背面出音口（龙池）上方，刻有楷书“万壑松”，两侧刻文“九德兼全胜磬钟，古香古色更雍容”。图四的首锭墨是否以它为蓝本？不得而知。

师徒互动教学

图四的墨有点怪，跟一般的形状不同，粗看像是墨断裂后再黏在一起。但若细看，可分辨出它是仿两张长短不同、正背面交错的古琴，并黏在一起的墨。长琴背面镂有龙形的螭，而短琴的背面镂凤，所以这锭墨名为“龙凤双琴”。制作墨的知味斋，看名字像家餐馆（现徽州工有家餐馆以此为名），但极可能是位文人的书斋。

只是怎么会想到把长短两张琴放在一块儿来对照制墨？

这个灵感或许来自古琴的教学方式。要知道古时候可不流行现代的音乐才艺班，想要学弹琴，只能找个高手来拜师学艺。当时没有五线谱，而记载琴曲的减字谱（如图五）又像天书一样，很难自学。因此师徒面对面的互动教学，就成为最自然的教学方式。原来古琴的弹奏，全靠双手的指法，而减字谱乃是在没有标出任何音符的情况下，说明依序弹奏琴弦的方

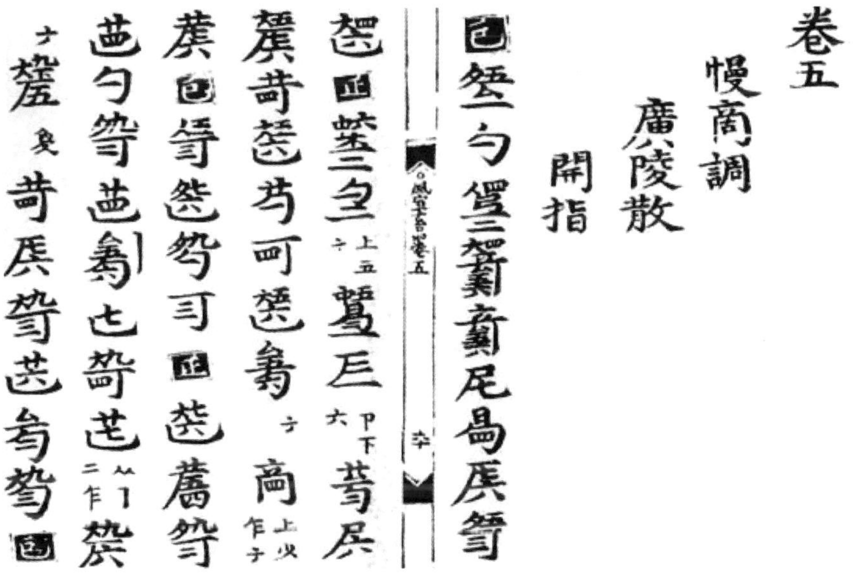

图五　琴曲《广陵散》的部分减字谱

图六　韵琴斋墨

32×9×2.5 厘米，746 克。

法，包含：1）弹哪根弦；2）右手的哪根手指头该拨弦，是向内还是向外拨；3）左手的哪根手指头该在弦上什么地方，用什么方式触弦。图五那些怪字，就设计成依字形带出指法说明。今人看来，有点像密码。

于是学生在学琴时，得看着老师的手指，照葫芦画瓢；而老师则看着学生的指法，随时纠正。这时师徒的琴，通常是以相同方向摆在一起。因此有一类琴桌，就设计成能摆两张相同方向的琴，好供教学或与琴友切磋之用。通常老师的琴大些，学生的小些，想来就勾起龙凤双琴墨的制作灵感了。

另一锭相似设计的墨（图六），上面写有“韵琴斋”三字，它有两张琴相黏的形状，但省略了各自的琴弦和琴徽。琴面分别画上竹子和凤栖梧桐，琴底则用许多钤印来装饰，我猜想是模仿两张名琴而制。韵琴斋尚待考证。

是墨？是琴？

知味斋的主人，对订制特殊古琴形状的墨兴趣不小。除了龙凤双琴，还有一锭巨型琴式墨（图七）。它的体积吓人，大约是一般古琴（通常长120厘米、宽20厘米）的一半长、2/3宽。由于墨面拱起，因此放在桌上时，高度达4.4厘米，重量约4,000克。这锭墨看起来就像是青少年在初学时练习简单曲目所用的琴。多年前在湖北随州发掘的战国时期曾侯乙墓内，曾出土一张十弦古琴，长67厘米，只比此墨稍长一点儿。

这锭巨墨的正面非常朴素，除镂出七条琴弦、搭载琴弦的琴桥、标明琴弦音位的琴徽及“知味斋”三字外，一片漆黑。然而令人不解的是，它的琴徽多至三组，每组有七个涂金的圆点琴徽。相较之下，比正规的琴上所标记的十三个琴徽要多一些，不知是仿效某张特别的古琴还是别有用心？

图七　知味斋琴式巨墨

正面镂琴面，右写“知味斋”；背镂俞伯牙舟上抚琴和樵夫钟子期对岸聆听的故事，两侧镂人物情景，首尾分写“光绪己亥仲夏识于新安官廨”及“紫墨轩珍藏”。

58×14.2×3.5 厘米，4,000 克。

墨的背面是另一种趣味。上镂山川锦绣，平静江水把墨面分成两部分，右下方浮舟上的蓝衣雅士正全神贯注地抚琴，左边崖上的红衣樵夫则倾心聆听。无风无息，水波不兴，琴音飘荡，浸润江水，声声洋溢，穿透空灵，天地一片祥和，万物共此琴音。画面没有文字说明，但任谁都知道，画的是琴师俞伯牙和他的知音樵夫钟子期的故事。伯牙弹奏的《高山流水》，一曲奠定了他们的生死友情。以这古老优美的故事来装扮此琴墨，实在发人幽思。

值得一提的是，1977 年 8 月，美国“旅行者二号”宇宙飞船开展超越太阳系之旅时，携带了代表地球的唱片。里面收录的二十七首曲目之一，就是古琴曲《高山流水》。似乎期待外太空的生物，在有机会聆听此曲时，能够欣赏并进而成为地球人的知音！

墨的两侧浮雕有许多妇女在庭院中携琴抚琴、整理书册的画面。画上人物大多衣着华丽，生动自然。或许有与之相应的琴的故事，尚待考证。整锭墨的墨色古朴，墨质虽然不能跟书法用墨相比，但仍坚挺暗含光泽，说明在制作时颇为用心。此墨是知味斋的主人在光绪二十六年（1899）夏天于徽州任官时所制。虽然还没能获知他的本名事迹，但以他催生这锭巨墨的壮举，应该可以赠送给他“琴墨痴”这个外号。

古琴复苏，墨默无言

古琴多年来已被社会大众淡忘。但 2009 年出版的一本书，突然带来一阵春风，让古琴在人们心中苏醒过来。这本《古琴的故事》，是瑞典汉学家林西莉把她在 1961 年，于北京大学留学时，兼及学琴的经过和对琴的认知所写成。这是她继 2006 年的《汉字的故事》之后又一力作。两本书都引起极大返响，尤其是这本谈古琴的书。

林西莉的书，唤起了心中尘封的、对古代文人生活的些许认知。那时纵然四体不勤、五谷不分，却企盼达到涵泳万物、天地合一的境界。书中提到与古琴常结合在一起的意象有：春雷、寒香、松雪、幽兰、云泉、鸥鹭……这些并非古板的词语，其实也代表了古代文人对大自然的向往与珍惜。

曾几何时，这些都被土石流、雾霾、重金属中毒、物种灭绝、冰川溶解、全球暖化、大自然反扑等所取代。现代人一味追求功利创新，却也让自己陷入生存环境的危机中。因此在逐渐思索觉醒之时，能否反省并借鉴古代文人，寻求与大自然的和谐相处之道？这是林西莉此时谈古琴能引起极大共鸣的一大因素。

能发音的琴，有远来的知音林西莉帮它代言，重振天籁。而默默无言的墨，何时能像古琴一样幸运，打破沉默，重回人们的记忆与生活？

第十四章

数字风情

——趋吉

14

Chapter

数字就像空气，充斥着每个人的生活。一生之中，有各式各样的数字，与我们的大小事务纠结同行。从出生年月日、考试分数名次、身份证号、电话号码到信用卡号、计算机和网络密码、银行邮局账号……没有这些数字，我们寸步难行。

古人就比较幸运，除了要记住生辰八字来算命外，似乎只剩下金钱数字得注意，其余的号码都不会出现。还有就是，数字跟情感、文学多半没有交集，因此也不容易进入古人的诗词歌赋，对不对？

99.9% 正确，只有那么一点例外。我们来看下面这首诗：

一去二三里，烟村四五家，平台六七座，八九十枝花。

总共才 20 个字，却纳入从一到十的每个数字，占全首诗的一半。然而读起来却不会让人觉得琐碎无聊，反而越读越有意思。

像这样的例子还有一个，据说清代“扬州八怪”之一的郑板桥也创作过这样的数字诗。有次大雪天他出外赏雪，遇见几个秀才在喝酒吟诗，赏梅咏雪。他们看郑板桥也是读书人装扮，就邀他一起入席，顺便评评看谁赋的诗好。只是那几首诗实在不怎么样，郑板桥不好意思讲，他们就言语相激，要郑板桥也作一首来瞧瞧。

郑板桥看着纷飞的大雪，随口吟道：“一片两片三四片。”秀才们笑了起来，有点看不起地说：“你会不会吟诗啊！”郑板桥笑着点点头，继续说：“五六七八九十片。”这下子秀才们更七嘴八舌，哄堂大笑，有人还吐出舌头做出怪样，暗示别再献丑了。郑板桥等他们稍歇，连续吟诵：“千片万片无数片，飞入梅花皆不见”。

秀才们听了，面面相觑，恨不得找个地缝儿钻进去。郑板桥作揖道别后，微笑着赏雪去了。在近代的电视剧和新编京剧里，这首诗被稍做改动，还有人说前三句作者是乾隆，最后一句的作者是刘墉（刘罗锅）。

数字既然在诗里面都派得上用场，那在墨的世界也不该缺席。来瞧瞧前两首诗所用的从一到十，到百、千、万等数字，是不是在墨里也找得到。

一品元霜

这锭墨清爽丽致，出自道光年间有名的制墨家胡学文之手。他的墨一向有“制作精雅，烟匀质细，工艺稳定”的评语，这锭当之无愧。可惜没能查出竞秀草堂的相关资料，所以不知道墨的主人是谁。

“一品元霜”四字，来自明朝项元汴，他在一篇文章中提到：他获得一锭墨，只用烟粉和胶制成，却光亮如曾上漆，因此称该墨为“一品元霜”①。这位项先生是个大收藏家，当时被称为江南第一。现今故宫的很多字画上，都留有他的印鉴。他也会制墨，可是不太为人所知。

两笏

这锭墨的名字很有意思，因为它套用苏东坡书信里所说的：“最近收纳两锭墨，都是好墨（墨纳两笏，皆佳品也）。”从字面来看，本来该有两锭墨，但“两笏”这个词，却被转借为墨的名字。不知在同治十年（1871）写这句话的愣头青是谁？为什么浙江嘉兴的孙云叟等人会一起来造这锭墨？我们无从知道。好在侧边说明了墨出自徽州名家之手，是汪近圣第七

① 《蕉窗九录·墨余·松墨》篇：“……予得法墨于异人，只用烟胶成，即光如漆，名之曰‘一品元霜’，殆不虚也。”

图一　一品元霜墨

双面云纹底，正面墨名，背写“竞秀草堂藏烟”，两侧分写“道光乙丑徽城胡学文监造”“五石顶烟”。11.2×2.9×1.1厘米，66克。

图二　两笏墨

正面墨名下写“苏东坡云墨纳两笏皆佳品也螺青书”，背面写“同治辛未嘉兴孙云叟鲍少筠金子義秀水魏平泉选烟同造”，侧有“徽州汪近圣七世孙应三制”。

12.2×2.4×1.2 厘米，52 克。

世孙汪应三所制。

苏东坡喜欢墨，也敬重能制好墨者，还曾在缺墨时自己动手制墨。他所说的两笏，不知是否为宋代墨仙潘谷所制？潘谷是制墨高手，连宋徽宗都收藏他的作品。苏东坡曾作诗赞美他制墨手法高妙①，并且在听到潘谷死时悼念他：“一朝入海寻李白，空看人间画墨仙。”

三泖渔庄

这锭像书卷一样的墨，中间借着丝线打结束紧，精美至极。它的正反两面，以“卍”字符串起的纹饰作底，配上顶底端的大小卷轴圈纹，让画面活泼而不呆板。它纹理细致，造型典雅大方，加上光泽内蕴，暗香隐约，不折不扣是个墨艺珍品。尤其它以松烟为原料制作，却不觉枯燥干涩，质朴清新，实在难得。

“泖”这个字比较少见，意思是停滞不湍急的水流。三泖渔庄，在上海附近朱家角镇南边，是乾隆年间与纪晓岚和刘墉同朝为官的王昶（字述庵）的家，现已成为他的纪念馆，是要收费的观光景点。制作此墨的海阳（徽州古名）人吴胜友，是乾隆年间另一位著名的制墨大师，名声不在曹素功、汪近圣等人之下。

王昶很有学问，乾隆也曾提拔他。但后来不幸卷入纪晓岚亲家的贪渎案，与纪晓岚双双因私下通风报信，而被主审官刘墉的父亲定罪。纪晓岚被发配至新疆乌鲁木齐，他则被征召到云南，作为云贵总督的幕僚参加对缅甸的战争。随后又有大小金川之役，让他在边疆军中总共待了九年，功

---

①《孙莘老寄墨四首》其一（宋 苏轼）：

徂徕无老松，易水无良工。珍材取乐浪，妙手惟潘翁。鱼胞熟万杵，犀角盘双龙。墨成不敢用，进入蓬莱宫。金笺溅飞白，瑞雾索长虹。遥怜醉长侍，一笑开天容。

图三　三泖渔庄墨

书卷型。正面“三泖渔庄松烟神品”，印“述”“庵”；背写“海阳吴胜友按易水法制”。

11×3.6×1 厘米，58 克。

劳苦劳交织，终于获得乾隆皇帝的谅解，回到朝廷继续当官。此后他谨言慎行，潜心做学问，最后平安到老，退休后回到老家三泖渔庄。

光被四表

生活在帝王身边的人都知道，伴君如伴虎，天威难测。如同上面提到的纪晓岚，只因人之常情给姻亲通风报信，就被发配边疆。在这种恐怖高压的形势下，当官的怎能不想尽办法拍马屁呢？身为文臣，最拿手的当然是歌功颂德，于是，“太平雨露”“天保九如”“海晏河清”这样的词语被喊得震天响。图四墨上写的“光被四表”，也是习用语之一。指皇帝的恩惠德泽，像阳光一样，普照四方大地。

所以这是一锭贡墨，是名家汪节庵造的高级墨。由于上面没有大臣具名，因此是所谓的贡品的示例。也就是徽州官府依循惯例，在每年的春贡、万岁贡、年贡这三个固定进贡的时间，向知名墨肆征收进贡给皇上的。这时墨肆得先备好不同式样的精品，供官府挑选。选上的固然风光，有助宣传自己的墨肆；没被选上的也没什么损失，也可以把墨出售给一些爱慕虚荣的人。

五瑞联辉

这锭朱砂墨体积虽小，却大有来头，因为它被标明是“四箴堂藏墨”。在“朱熹与墨”一文中（见《墨客列传》），曾提到北宋理学大师程颐所写的“视听言动”四箴，被称为“程子四箴”。于是程氏的后人，就把家族的堂号定为四箴堂作为纪念，所以这锭墨的主人应该姓程。

图四　光被四表墨

正面墨名，另面祥云纹，侧写“徽城汪节庵造”，顶“上顶烟”。
11.8×2.9×1 厘米，60 克。

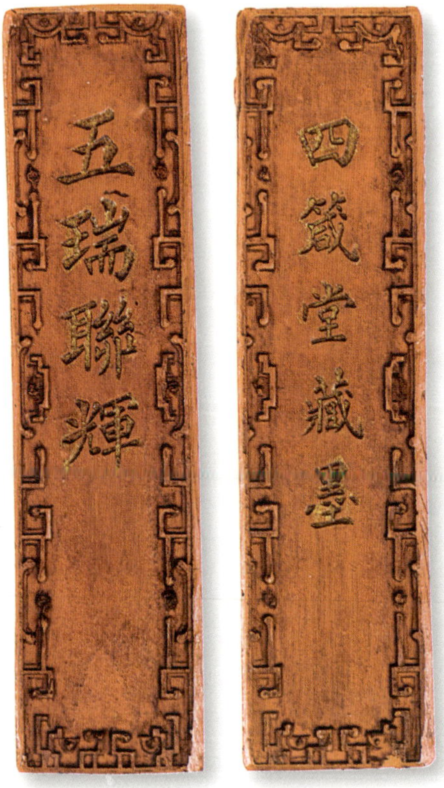

图五　五瑞联辉墨

朱砂。正面墨名，背写“四箴堂藏墨”。
8.1×2.1×0.9 厘米，58 克。

至于墨上所说的五瑞，一说是古代诸侯作符信用的五种玉：桓圭、信圭、躬圭、谷璧、蒲璧，或是圭、璧、琮、璜、璋；一说是端午节时，门上悬插的菖蒲、艾叶、榴花、蒜头、龙船花等五种应时的植物，古人相信它们可以避邪祛疫，因此称其为五瑞。五瑞联辉用在这里，意谓家族中有许多吉祥喜庆的事发生，辉映荣耀。

超超六法显精神

看到这锭璜形墨上的“六法”两字，脑海里浮起的大概是收录六大类法律的常用工具书《六法全书》。只是这锭墨底面写着“乾隆年制”，难道是乾隆皇帝时就有《六法全书》了？当然不是。

“超超六法显精神”出自乾隆皇帝的《咏墨诗》①。其中的“六法”，应该是南北朝时的画家谢赫所说的：“画有六法，一曰气韵生动，二曰骨法用笔……”乾隆的诗有八句，每句都有对应的墨，连同标题共九锭，组成套墨，十分精美，是藏墨家的珍品最爱。这锭墨的外廓有十四个半圆形的凹槽，使璜形弧线富于变化，足见巧思。

七叶衍祥

有“钦赐”字眼的墨较少，因为得有皇帝颁赐恩典，才敢加这两个字。封建时代，若不是当官，大概就只有靠忠孝节义来邀天恩。不过乾隆年间，

① 与茶奚必较新陈，用佐文房孰比伦。历历千言照古今，超超六法显精神。唤卿呼子谓多事，玩日愒时斯枉珍。磨尽思王寸八斗，依然研北此龙宾。

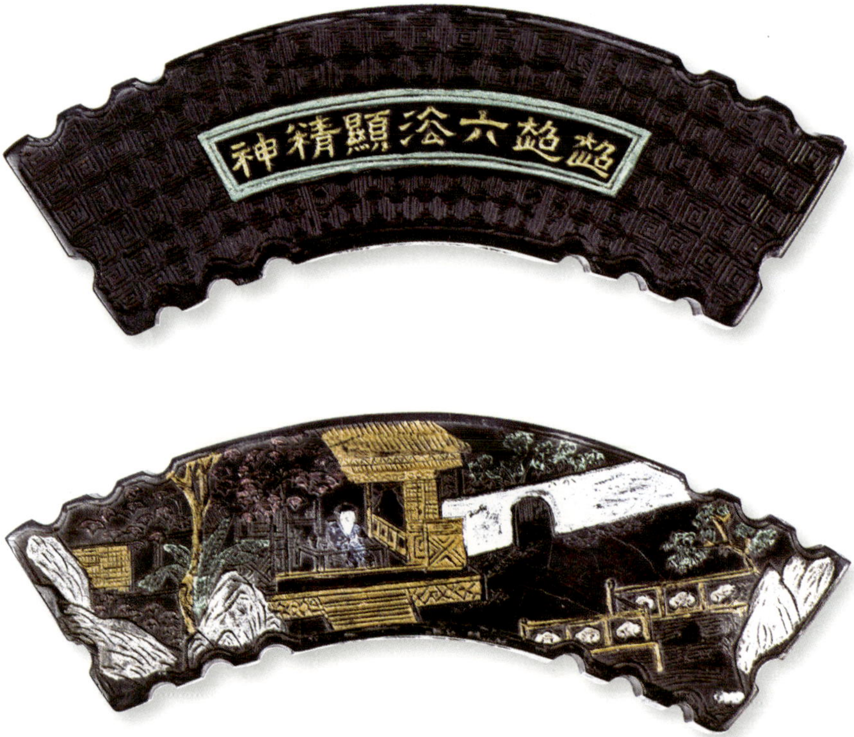

图六　超超六法显精神墨

璜形，正面墨名，连续回纹底；背镂士人怡然自得于庭园，顶端写“乐寿堂藏墨”，底写“乾隆年制”。12×3×2 厘米，76 克。

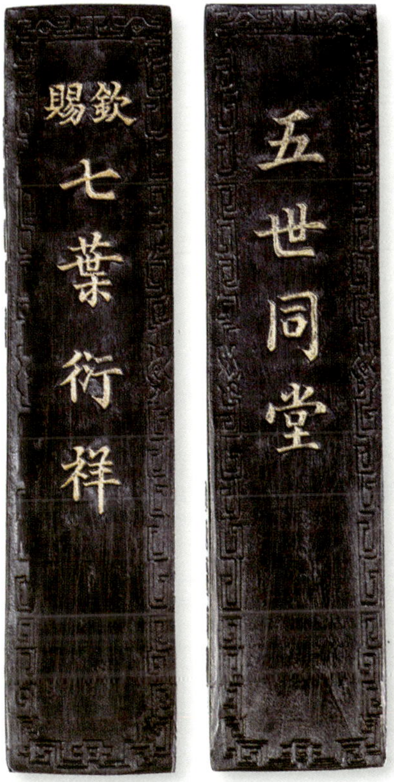

图七　七叶衍祥墨

正面“钦赐”下写墨名，背面“五世同堂”，侧边分写“嘉庆甲子年”“程永康谨制”。
9.8×2.2×0.9 厘米，34 克。

多开了一道门，因乾隆自己高寿，于是民间高寿且子孙繁衍，家庭和睦者，在地方官提报后，朝廷便颁赐匾额寿礼。后继的皇帝也都依循办理，从而在民间留下不少此类碑匾牌坊。

根据这锭墨上的题字，可知在嘉庆甲子年（1804），有位程永康的长辈（可能是祖父）做寿，由于祖孙已繁衍七代，且有五代的人同住在一个屋檐下，因此地方官上报后，朝廷颁赐“七叶衍祥”匾额，以示嘉许。猜想程永康是徽州一带的人，借着订制此墨来做纪念，也可在乡里夸耀。

八吉祥

佛教传入中国后，很快就被人们所接受。到了宋明时期，由于理学内纳入佛家思想，因此有些文人对佛家也不排斥。从《程氏墨苑》和《方氏墨谱》收录的许多佛教主题的墨样中可以看出，当时这类墨的销售量应该不错。

“八吉祥墨”（图八），就是明晚期的产品。八吉祥物在藏传佛教仪式和唐卡中很常见，本锭墨正背面的外圈，就镂刻上了胜利幢[①]、双鱼、宝瓶等八项吉祥物，其间衬以蔓草，倍增美感。制墨的朱价武是万历年间的制墨家，传世作品很少，所以这锭墨应该是后人仿的。

元朝统治阶层深信藏传佛教，因而在中国建立了广泛的佛教文化基础。明朝对此依然不敢怠慢。像首创活佛转世制度的噶玛噶举派，其第五世活佛就曾被明成祖尊为上师，并颁赐“大宝法王”的尊号。

① 藏传佛教吉祥八宝之一，最早是古印度的战旗，后来被佛教引用，象征佛陀修成正果。为一插在木杆上的圆柱形，经常装饰在寺院或庙宇屋顶的四角。

图八　八吉祥墨

正面墨名，外圈镂胜利幢、金轮、宝伞、妙莲；背写“朱企武制”，
镂白螺、吉祥结、双鱼、宝瓶。双面蔓草夹杂。
直径 7.5 厘米，厚 1.3 厘米，重 62 克。

九贡

“九贡”是个很古老的词，最早出现在西周的《周礼》书中，意指西周王室为了日常所需，向各地征收的九类物品。当时货币还不普遍，因此征收物都以实物为主。凡是牲畜、丝帛、金玉、木料等，都在征收之列。后来这个词就被用来泛指进贡的事。

图九这锭墨上镂刻一头装扮华丽、有顶盖的大象，象的身上有一个大篮子，里面装的应该是九贡的贡品。大象本身寓意“太平有象”，意思是天下太平，五谷丰登。因此，这锭墨也是贡墨的一种。背面用怪字写的“浴研斋”，是明朝末年制墨家吴拭的墨肆名，吴拭为人有侠义之风，据说当年为抗击清军而牺牲。

十年养气

不知道是古人特别有耐性，还是在古时候时间过得特别快。十年的光阴，对他们而言，好像不算什么。请看这些熟悉的词句：十年磨一剑、十年寒窗、十年生聚十年教训、十年树木百年树人、十年生死两茫茫、十年一觉扬州梦……现代歌手陈奕迅有首歌叫《十年》，苏打绿也有首歌叫《十年一刻》，这类歌曲将古人一向少谈的十年心情，补在爱情这个领域里。

不过，十年里不管做什么事，恐怕都比不上“十年养气”来得痛苦。养什么气？怎么养？什么时候算养足了？问十个人，可能有二十个答案。鲁迅曾说：“李四光教授先劝我‘十年读书十年养气’。还一句绅士话罢：盛意可感。书是读过的，不止十年，气也养过的，不到十年，可是读也读不好，养也养不好。”从而对“十年养气”下了个很有意思

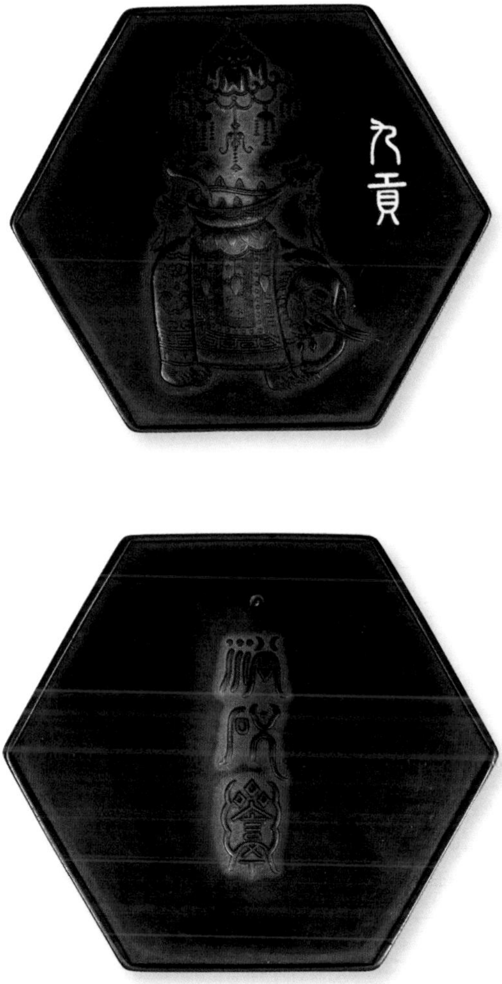

图九　九贡墨

六边形，正面墨名，铸背载贡品大象，背面额珠下写“浴研斋”。
11.7×10.2×1.4 厘米，192 克。

图十　十年养气墨

正面墨名；背写“江南无所有聊赠一枝春”，下镂梅花一枝；侧写“大清乾隆二十年”。

9.8×2.2×1 厘米，28 克。

的注解。这锭墨从材质来看，是廉价的学生用墨。那时候要学生养气，不会有人反对。

背面的“江南无所有，聊赠一枝春”语出南北朝时一首寄送给远方友人的诗。意为：在江南的这个时候我没什么好带给你的，只能借着春天的一枝梅花，捎上我浓浓的关怀与祝福。”加上这句意义深重的题铭，此墨一下子变成读书人最好的伴手礼。

流芳百世

追求长生不老，秦始皇就是个代表。然而这种事情并没有那么容易做到，所以人们只好放弃实质上的长生不老，转而追求精神上的长生不老。上者修道号称升天变神仙，其次立德、立功、立言三不朽，然后就是靠血脉相传的后代，用牌位供着上香祭拜。

这锭“流芳百世”墨（图十一）是曹素功为纪念朱熹而制作的。朱熹本是徽州人，虽然他只回乡过两三次，每次只住一两个月就告别，但徽州人还是认他这位老乡。他对四书的注解，乃是元朝以后的官方版本，不把它背熟弄懂，就别想考上科举，因此说他“流芳百世”，是绝对名正言顺的。然而现在没有科举了，该如何看待？

千岁芝

许多古书和武侠小说都斩钉截铁地说，吃到特别的食物如千岁芝，就会增添数十甲子功力，或瞬间拥有特异功能。不知道古人是如何产生这种观念的？李时珍的《本草纲目》中有记载：“把千岁芝的血涂在两只脚上，

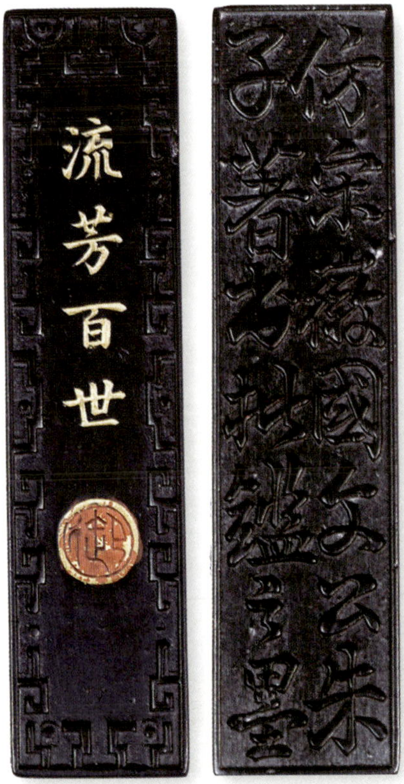

图十一　流芳白世墨

正面墨名，印“御”；背写“仿宋徽国文公朱子著书批鉴之墨”，
侧“徽歙曹素功正千氏监制”；顶“五石顶烟”。
9.3×2.2×1.1 厘米，32 克。

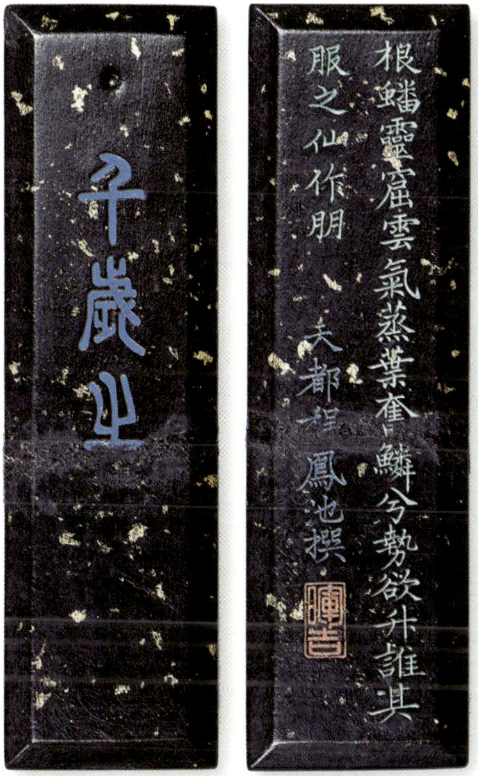

图十二　千岁芝墨

雪金。正面额珠下墨名；
背写“根蟠灵窟云气蒸叶奋鳞兮势欲升谁其服之仙作朋天都程凤池撰”，印“晖吉”。
16.3×4.8×1.3 厘米，190 克。

可以在水上走，可以隐形，还可以治病，神奇的不得了。”① 可是，真有人相信吗？

图十二这锭“千岁芝墨”的背面，是说千岁芝生长的环境极好，体内充满天地精华，吃了以后，就可以和仙人做朋友了。这是道家自古相传、迷惑众生的讲法，却深植人心，武侠小说也常常将其应用到主角身上。程凤池是明末清初徽州歙县的制墨名家，制作此墨的则是他的第三代子孙晖吉氏，应该是乾隆时期的人。墨身断过，重黏时不够细心，因此留下了明显的断裂痕迹。真是可惜。

万寿无疆

古人常称皇帝“万岁”，从而也使得“万”这个字，常被用在跟他有关的事情上。尤其是在皇帝过生日时，群臣得把“万寿无疆”喊到震耳欲聋才行；称道他的英明时，别忘了说“万国咸宁”。另外像天子万年、万载长春、万年有道，等等，都是常见的恭维用词。

图十三这锭“万寿无疆”墨，背镂五爪龙正面立像，想必是为例贡里的万岁贡所准备的。它最美之处，在于边框里用篆书阳文写的“寿”字，正反面各五十字，合起来代表百寿。每个寿字约绿豆大小，写法不同，但都笔画工整，纤毫分明，充分展现出墨雕的细致功夫。墨的顶端有“神品”两字，制墨者是清代制墨名家曹素功，果然够厉害。

所以，从这十三锭墨来看，不光是现代人被数字缠绕，古代人也有躲不开它们影响的时候。尤其是皇帝，上面所列供他专享的光被四表、九贡、万寿无疆等贡墨，只反映出用来歌颂他的数字里的一部分。其他如一统江

① 《本草纲目》：“曰千岁芝，生枯木下，根如坐人，刻之有血，血涂二足，可行水隐形，又可治病。”

图十三　万寿无疆墨

正面墨名，背镌五爪龙立像，两面边框内各写 50 异体“寿”字，侧写“徽歙曹素功造”，顶“神品”。
9.3×2.3×1 厘米，31 克。

山、华封三祝、五星连珠、八纮同轨、天保九如等，也跟有万字的颂辞搭配在一起，充斥皇帝的耳目，衬托皇帝的伟大。然而不管享受多少个万字，历史上也从来没有任何皇帝万岁过。

只有数字、单纯的数字、不需吹捧的数字、深深融入生活的数字，才是真正不容置疑的光被四表和万寿无疆，才能真正引领众生跨入不虚伪不做作的生活。

第十五章

看图说故事

——教化

15

Chapter

明代以前的制墨人，对墨上的文字和装饰图案并不讲究。从出土的唐宋时期的墨来看，都只有简单的文字和线条，而在古书上所刊载的一些较繁复的墨样，也只有些不同姿态的龙的图案。想必在宋代以前，对墨原则上只要求好磨好写，写出来的字美观持久就够了。

但到明代中后期，承平日久，工商发达，加上刻书版画等行业的蓬勃兴盛，人们对日常用品不仅要求实用，还要求美观。这种发展驱使墨模也运用刻书版画业所发展出来的技术，开始制出有复杂生动图案和亮丽色彩的墨。程君房和方于鲁这对师徒各自出版的《程氏墨苑》和《方氏墨谱》里的墨样，充分显示出这划时代的转变，把制墨业推向新的境界。

想要画出复杂生动的图案，可不能总想着龙凤花草、山水楼阁，因此悠久的华夏文明便跳进制墨家的脑海里。反正墨的客户主要是官宦、文人，他们就是华夏文明的最大受益者，何不制作一些这类主题的墨呢？于是在程方这两位的书里，刊印了大量华夏文明主题的墨样。其中不可或缺的，当然是历史掌故，用这些饶富趣味的掌故来当主题，让墨变成一本小故事书，大大增加墨的附加价值。故事墨就此隆重登场。

怀念勤政爱民的好官

图一这锭圆形墨，两面有粗边框，墨色黝黑暗亮。正面几行以大篆写成的文句，相信多数人都读不出来。不过别觉得不好意思，连读中文系的人可能都会对此头疼不已。这些话出自《诗经》，内容是老百姓在怀念一位分封在召地的国君——召伯的德行仁政。翻译成白话，相当于：

> 枝叶覆盖的甘棠树啊，莫去剪它莫去砍，召伯当年就住在那里。
> 枝叶覆盖的甘棠树啊，莫去剪它莫去折，召伯当年就在那儿乘凉。

图一　召伯甘棠墨

正面以大篆写“蔽芾甘棠勿翦勿伐召伯所茇 蔽芾甘棠勿翦勿败召伯所憩 蔽芾甘棠勿翦勿拜召伯所说”，背镂老中少三代在大树旁交谈，两侧分写“大明崇祯年”“程君房造”。

直径 9.7 厘米，厚 1.7 厘米，重 168 克。

枝叶覆盖的甘棠树啊，莫去剪它莫去拔，召伯当年就在那儿休息。

故事发生在西周时的召国，大致在现今陕西省岐山县西南地区。召伯是周文王的儿子，但非嫡子，后来和周公一起辅佐周成王。他到各地处理公务时，尽量不扰民，大都在路边的甘棠树（即棠梨，一种高大的落叶乔木，可制墨模）下搭个草棚办公、过夜。召伯死后，老百姓看到甘棠树就想到他而生感怀，因此视甘棠为他的分身而不忍砍伐。墨背面画的，就是一株甘棠树和怀念召伯的老中少三代。大家看起来像在互相叮咛，不要去折剪它的枝叶，不要去砍拔伤害它的树干、树根等。

由这个故事，后世衍生出一句成语“甘棠之爱”，用以称颂勤政爱民的好官。然而时至今日，这句成语已不见踪影，没人用过或被用过。是我们的词汇不再讲究典雅隽永，还是整个社会对好官的要求越来越严？还是说没什么人够资格了？

山石现出桃花纹

看过金庸的武侠小说《射雕英雄传》的人，大概会记得东海上有座桃花岛，岛上住了位武功高强的东邪黄药师。他有位冰雪聪明、既刁钻又可爱的女儿黄蓉，喜欢上了木讷老实、刚正不阿的郭靖。

但真有这座桃花岛吗？在哪里？岛上真的长满桃花吗？

浙江外海的舟山群岛里，确实有座桃花岛。岛上现在固然桃花处处，但不敢说在《射雕英雄传》的时代背景——南宋时就如此。而桃花岛这名字的来源，跟图二的墨中所说的故事有关。

清朝康熙年间制墨名家汪希古制的这锭圆形墨，墨质细腻，墨色古朴，背面的画怪石嶙峋，桃花峥嵘。这些怪石桃花的图样，采自明朝万历时的

图二　醉墨桃花墨

正面额珠下墨名；背镂怪石桃花，右印“左千氏”；
两侧分写“康熙丁亥仲春月”“新安汪希古仿易水法制”。
直径 10.7 厘米，厚 1.8 厘米，重 196 克。

画家左千氏。他姓吴，曾跟当时的著名画家丁云鹏学画。师徒两人的作品，有不少被《程氏墨苑》和《方氏墨谱》采用为墨样。

醉墨桃花的故事，起源于秦朝的修道人安期生。他是山东琅琊地方的药农，终年跋山涉水采集草药，因为懂得养生，所以到了老年仍然很健壮，被称为“千岁翁”。秦始皇于公元前 211 年东巡来到琅琊时，听说有他这位“千岁翁”，又听说海上多仙山，产长生不死的药，便把他找来，命他出海采药进献。深知无法达成任务的安期生，在哄骗过秦始皇后害怕遭到问罪，赶紧出海找药。表面上看似服从，实际上却是去找个隐蔽地方躲起来。

安期生出海后多经漂泊，最后来到舟山群岛中一个无名小岛隐居。在这里采药助人之余，不免随兴喝酒画画自娱，有次喝醉了，随手用酒当水磨墨作画。当他画完后把剩下的墨汁洒在山石上时，瞬间出现桃花般的花纹。从那之后，人们就把那个岛称为桃花岛。

这当然是神话。桃花岛上确实可以看到许多山石上，裸露出大片的、像有完整枝叶形状的桃花，称为桃花石。它们是远古形成、夹杂着古代蕨类植物的化石。但古人借着丰富的联想，不仅赋予桃花岛美丽的传说和仙人灵气，还让《射雕英雄传》更加出凡入胜，岂不快哉？

阴阳阻隔莫强求

魏晋南北朝战乱频繁，社会动荡不安，因此出现很多如《列异传》《搜神记》《幽明录》等的志怪小说。不过下面要介绍的与墨相关的故事，却是出于正史《晋书》，我们该不该相信它呢？

安徽省马鞍山市在长江边上有个千年名胜叫采石矶，又名牛渚矶（“矶”字意为突出于水面的石头）。据说在三国东吴时，此地出产五彩石；而且当地山势形状像蜗牛，有“金牛出渚战白龙”的传说。此处水流湍急，

图三　文犀照水墨

正面金框内写墨名；背镂三人立水滨，一旁岩石上燃火，照映波涛中似马、似龙、似龟、似鱼等怪物；两侧分写“万历辛丑方于鲁造”“莱竹居监制”。

直径 12.9 厘米，厚 1.8 厘米，重 270 克。

地势险要，自古以来就是兵家必争之地。如南宋的虞允文就在此以少胜多，大破南渡金兵，保住江山。此外，相传诗仙李白也是在此处江上饮酒赋诗时，因醉酒想捞水中的月亮，而不幸落水淹死。

图三的墨描绘的是一个发生在这里的故事。故事主角是晋朝的温峤，跟“陶侃搬砖”中的陶侃一样，是晋室南迁立足江东的功臣。他曾驻守湖北武昌，不时来往京城建康（现在的江苏省南京市），两地相距五百多公里。根据《晋书·温峤传》所载，有次他路过牛渚矶，听到水里有怪声，因水中深不可测，且传说水下有许多怪物，于是就叫随从点燃犀牛角来映照水面。不一会儿，就看见水里有许多奇形怪状的动物向犀火扑来。墨背面画的，就是这情景。

当天夜里，温峤梦见有怪物来说：“我们和你阴阳有别互不相干，你为什么要用犀火来照我们呢？”语气很不高兴。不知是否真有灵界的朋友作祟，温峤醒来后牙齿疼痛难忍，拔牙后，随即中风病逝。

这个故事透露出三个信息：首先是采石矶一带的江水在古时有丰富的水生动物。像现已绝迹的长江白鳍豚（俗称“江马”），会发出怪声；其次是古时候的江南有野生犀牛，犀角来源不是问题；第三是燃烧犀牛角来照明，可以照出灵界的怪物。前两个信息点出：在人类无知贪婪的意识促使下，生物很容易灭绝。而第三个信息绝对不可能，请不要相信。

北京故宫博物院里藏有明朝方于鲁所制、约有四百年历史的这锭墨本尊。所镂文犀照水图，涂金并加红绿彩，历久不衰，缤纷亮丽令人着迷。

直指人心，见性成佛

“天下武功出少林，少林武功出达摩”，这是所有看过武侠小说和电影的人都知道的事。相传达摩在少林寺留下两本书：《易筋经》和《洗髓经》，内容为气功与武术修炼的方法。于是少林寺从此武学大兴，少林僧个个武功高强，延续至今，盛况不衰。

达摩真的会武功吗？近代一些研究对此颇有怀疑，甚至认为上述两本经书都是后世托名的伪作，而流传下来的达摩相关记载里，跟武功有关而为人津津乐道的，是他一苇渡江的故事。

故事发生在公元五百年左右的南北朝时期，传说达摩应南朝梁武帝之邀来到建康。武帝问他："我当皇帝后，广造佛寺、翻译出版佛经、度化好多人出家，有什么样的功德？"没想到达摩冷漠地回答说："没有功德。"武帝一向被奉承惯了，心里很不是滋味。再谈下去，话不投机，于是达摩不辞而别，离开建康。这时梁武帝醒悟，发觉达摩确实是有道高僧，马上派人去追。达摩正走到长江边，看见来人，随手折了一枝芦苇投入江中，纵身跳一下，不畏湍急江流，飘然过江。

这锭以达摩一苇渡江为主题的圆墨（图四），墨色古黝且含幽香，令人幽然神往。正面的达摩法相庄严，衣摆飘飘，足踏一苇，凌波万顷。

达摩留给后人的印象，除了武功，就是禅宗。他是东土禅宗的开山祖师，然而他亲传了哪些佛学？可能 99% 的人都没概念。还好这锭墨的题铭说达摩从西方来到东土，不用文字来传播佛法，而是直指人心。并告诉人们，看清自己的心和本性，才是成佛之路。为此他留下短短二十个字的真性颂："真离性情缘理空忘照寂身至净明圆始终常妙极"，希望方便学佛之人记忆背诵，见性成佛。

这二十字，可以念成五言绝句的见性诗如下：

真离性情缘，理空忘照寂。身至净明圆，始终常妙极。

每个字都认识，可要解释起来，好像不知该从何说起。这就是见性诗的精妙之处，没有一点灵性慧根、没经过净心修行的人，绝对看不懂。

图四　达摩真性颂墨

正面镂达摩一苇渡江，外圈写“真离性情缘理空忘照寂身至净明圆始终常妙极”（从达摩脚下真字，顺时针读）；背面额珠下书“达摩西来不并文字直指人心见性成佛独有真性一颂虽二十字回环读之成四十首计八百字每首用韵四至俱通以表真性无有穷尽也”，印“方”字，下“方氏建元”印；

两侧分写“万历辛丑”“方于鲁造”。

直径 9.3 厘米，厚 1.6 厘米，重 130 克。

这二十个字，无论从哪个字开始，顺着念，倒着念，都可以变成新的一首五言绝句。如从第二个字开始，就变成："离性情缘理，空忘照寂身。至净明圆始，终常妙极真。"这样一来，就会产生四十首不同的诗，足以显示真性的无穷无尽。[①] 只是这四十首，是不是每首都传达出不同的意境，是不是都能引发不同的领悟，倒没有人在乎。

达摩的奇思妙想，令人佩服。然而遗憾的是，无论是四十首里的哪一首，对慧根不够的人来讲，全都是鸡同鸭讲。不像净土宗，只要念诵佛号，就可以借着阿弥陀佛的慈悲愿力，往生西方极乐世界。达摩祖师啊！真是辜负您的一番苦心了。

诗仙的白日梦

"笔花生梦"，或"梦笔生花"，常用来比喻一个人文采飞扬，写文章时文思泉涌、才情并茂，令人赞叹。只是笔、花、梦三者看似互不相干，怎么会产生这个比喻？图五里的墨，或许能帮忙解释。

图五的墨样设计精巧，雕刻入微，加上烟粉细密，胶质清纯，内蕴涵光，铭文完整，无疑是锭好墨。很显然，墨的图样是描述有位读书人在白天睡觉时，梦到笔跟花。这代表什么意思？而这个看上去懒散的人又是谁？记不记得孔子对昼寝很有意见，说昼寝的宰予是"朽木不可雕也！粪土之墙不可污也！"那怎么会在墨上出现昼寝的图画？是想出谁的丑？

笔是书写的工具，古时候也引申为写文章的才华。因此像"秃笔"这样没有笔尖的毛笔，就被用来比喻写作能力不够高明。而笔跟花在一起，意义可就大不相同了。因为花在古时候象征喜庆，是要用来别在有喜事的人的

① 有学者论证，真性颂这种回文式的诗，是明代才出现的文体。因此极可能是明代人假借达摩之名所作。

图五　笔花生梦墨

正面墨名，其右“詹云鹏家藏”，上“世宝”，左“玄初监制”；背镂竹丛假山庭园，左有书童正烧水沏茶，右照壁前卧榻上读书人昼寝，梦中出现花和笔；侧写“大明崇祯三年”；顶“非烟”。

长宽厚 9.5×9.5×1.6 厘米，重 158 克。

头上或身上的。其实，到现代仍有这个习俗的影子，譬如说典礼的主席和贵宾，往往都别上花。所以笔跟花同时出现，绝对跟秃笔的意思不一样。

墨上刻镂出庭园里有两个书童在烧水沏茶，一旁大卧榻上摆了书匣和翻开的书，但是应该在读书的年轻人，却衣着完整，大剌剌地在大白天睡觉。他不是俗人，正是平生潇洒，不拘小节的诗仙李白。有记载说他年少时曾做过一个梦，梦里面他所用的笔，笔头上居然长出花来。李白成年后果然才华横溢，诗句有如神来之笔，闻名天下。因此后世就用“笔花生梦”“梦笔生花”来比喻文思泉涌、文笔富丽。这锭墨，无疑忠实表达李白的奇梦。

这锭墨在程君房的《程氏墨苑》里也刊载过，只不过是圆形的。詹云鹏在崇祯三年制作的这锭则是六角形。至于墨上图样，则是大同小异。看来詹云鹏是借用程君房的原作，仿制而成。他在明朝末年是仅次于程君房、方于鲁的制墨大师，墨肆叫“世宝斋”。

墨名当考题

步入位于中国台湾地区台北市中山北路上的老字号——国宾大饭店，会在大厅发现一幅色彩绚丽、欢乐生动的国画。这幅画工笔细腻，画者画出了古代宫廷乐伎歌舞宴饮的情景。这乃是素称国宾饭店镇店之宝的《夜宴图》。早年为国宾饭店增添不少光彩和知名度，也助长了当地的饮食文化和酬酢风气。画家曾后希，是清代名臣曾国荃（曾国藩弟弟）的后代。只是在画挂上几年后，却爆出他的学生出面“抢功”，自称是其代曾所作，令人唏嘘。

但历史上还有幅同名的古画，就是名声显赫的《韩熙载夜宴图》。它原来出自于一千多年前五代十国的南唐，现在仅存宋朝时的摹本，清朝末年流出皇宫，后来被张大千以五百两黄金的巨款买下，现藏于北京故宫博物院。

韩熙载是大名鼎鼎的南唐李后主的大臣。但古往今来，像他一样的大臣不知道有多少，本来轮不到他出名。没想到因为李后主听说他生活荒纵，家中养着许多歌舞伎，夜夜呼朋唤友饮酒作乐，于是派了画师到他家窥探，离开后画师凭着记忆画出他在家夜宴的盛况给李后主看，从而使韩熙载的大名随着画而千古流传。你说这是荒唐还是传奇？

韩熙载的夜宴传奇，是否曾被当作墨的主题？还没见相关记录。倒是他本人制墨的相关故事，却引出了另一锭墨（图六）。这锭墨呈八边花瓣形，雕镂精细，墨香怡人，同时富有人文意涵。

根据宋朝人的记载，韩熙载能书善画，对墨很挑剔，曾经延聘知名墨师到家造了一批叫“玄中子”的墨。大概在墨里面掺了麝香，因此他又把墨命名为“麝香月”。这批墨可是他的宝贝，他将它们收在箱子里从不轻易拿出来，即使至亲好友也不易看到。然而等他一死，家中所养的歌舞伎（想来是夜宴图里所画的），就把墨给瓜分走了。故事到此本该结束，不料到了乾隆时期，又发生了一件文人趣事，使得新一代名为“麝香月”的墨，重现江湖。

乾隆丁酉年（四十二年，公元1777年）正在担任江南学政（江苏安徽上海教育厅长）的秦潮（号端崖，即墨上铭文所说的端崖学士），到辖区内的徽州主持科举考试，以“麝香月”为名出考题。制作这锭墨的徽州休宁县人汪滋畹，正好来应考。猜想因他家与制墨业有关，熟悉韩熙载麝香月的典故，使得他作起文章来得心应手，因此顺利晋身秀才。这锭墨，有可能是汪滋畹订制来纪念这次考试经过，或是在当年秦潮调离江南学政职务时，送给恩师的礼物。无论如何，这段佳话也成就了一锭好墨。

汪滋畹在十二年后考上进士，后来官至内阁学士，礼部侍郎。至于真

图六　麝香月墨

正面左右题“乾隆丁酉”“五石顶烟”，中书“南唐韩熙载工书画制墨名麝香月端崖学士试徽用以命题休宁汪滋畹仿古法恭造”，印“斗”“山”；背镂玉兔在月宫桂树下捣药。

直径 10.8 厘米，厚 1.5 厘米，重 166 克。

正执行制墨的汪斗山，则是乾隆嘉庆时有名的制墨师，也是他同家族人。

故事是好题材

几千年来的历史文化和民间传说，为墨的创作题材提供了另一宝贵来源，因此手边有故事内涵的墨还算不少。选中以上几锭来谈，是因为它们分别以历史上的真实名人——召伯、安期生、温峤、达摩、李白、韩熙载为主角。想来这些墨，当年是可以登上文人的大雅之堂而供吟咏赏玩的。

至于其他带有民俗或神话故事的墨，如刘海戏金蟾、八仙过海、女娲补天、喷墨成字、虎溪三笑等，大多是流传在民间婚姻喜庆酬酢的场合。这些故事也很有趣，往往反映出民间百姓对生活的单纯盼望，以后再加以介绍。